KB016256

행복을 기다리는 당신을 위한 셀프 테라피

30일 마음 퍼실리테이션

30일
마음 퍼실리테이션

우보영 지음

행복을 기다리는
당신을 위한 셀프 테라피

늘픔

-

좋지도 나쁘지도 않은 날들을
살아가는 보통의 우리에게

우리는 숙명처럼 저마다의 인생에서 레이스를 펼칩니다. 누군가 시합을 제안한 것도 아닌데 말이죠. 정상을 향해 오르막길을 헐떡거리며 달려가고, 굽이진 비탈길을 아슬아슬 걸어갑니다. 그러다 문득 발걸음을 멈출 때가 있습니다. 내가 지금 어디로 가는지, 잘 가고 있는지, 왜 가야 하는지 모든 것이 아득해지는 순간입니다. 잠시 숨을 고르고 스스로 질문을 던집니다. "나는 잘 가고 있는 걸까?"

　무심코 던진 물음에 잊고 지낸 상처가 고구마 줄기처럼 줄줄이 튀어나옵니다. 먹고사는 것만으로 힘에 부쳐 내 마음을 돌보기는커녕 들여다볼 여유조차 잃은 채 살았는데, 어느새 몸집을 키운 상처들이 나에게 신호를 보냅니다. 소리 없는 아우성에 그

제야 이 상처가 어디서부터 시작된 것인지, 왜 이렇게 커진 것인지 들여다보게 되지요. 망설이던 끝에 상담소를 찾아보지만 이미 상처는 곪고 터진 뒤입니다.

마음에 대한 상담과 강의를 하는 저의 또 다른 이름은 '마음 퍼실리테이터Mind Facilitator'입니다. 개인이나 조직 구성원의 문제 해결 능력을 키워주고 긍정 심리를 배양해서 더 행복한 일상을 살아갈 수 있도록 돕습니다. 일을 통해 다양한 사람들을 만나면서 느낀 점은 개인의 행복이든, 조직의 성과든 결국 사람의 마음과 무관한 것은 아무것도 없다는 사실입니다. 내 마음이 모든 일과 관계, 사랑의 시발점이자 종착점이기 때문이죠. 아픈 마음을 치유하는 것도, 소확행을 실천하는 것도 결국 더 나은 내일을 향해 나아가는 길이라 할 수 있습니다.

사람들이 상처가 곪기 전에 아니, 마음이 조금이라도 아프기 전에 일상에서 자신을 돌볼 수 있는 방법은 없을까 고민했습니다. 그 답으로 찾은 '마음 퍼실리테이션Mind Facilitation'을 많은 이들과 나누기 위해 이 책을 써 내려갑니다. 마음 퍼실리테이션은 내 마음의 건강을 촉진하는 일, 즉 자신과의 대화를 의미합니다. 치열한 현실 속에서 다른 사람의 가벼운 위로나 섣부른 조언보다 진정으로 나를 사랑하고 이해할 수 있는 셀프 공감이 더 절실해졌습니다. 일상에서 내 마음의 상태를 알아차리고 돌볼 수 있다면 삶을 조금 더 행복하게, 조금 덜 아프게 보낼 수 있을 겁니다.

이 책은 여러분이 가장 편한 시간에 가장 편한 장소에서 바로 찾을 수 있는 나만의 상담소입니다. 내 감정의 원인과 행동의 내면을 깊이 들여다보고 싶은데 주변의 시선이 두려워서, 상담 비용이 부담스러워서, 이런 것도 고민이 될 수 있나 싶어서 상담소 찾기를 망설이는 분들에게 권합니다. 일상에서 나와 충분히 대화를 나눌 수 있다면 군이 상담소를 찾지 않아도 됩니다.

이 책은 저의 이야기를 담은 에세이Essay, 심리학 이론을 바탕으로 한 테라피Therapy, 스스로 마음 상태를 들여다보게 하는 문답 활동Exercise 3단계로 구성되어 있습니다. 목차는 실제 저의 상담 순서에 따라 총 4부로 나눴습니다. 1부에서는 있는 그대로의 나를 마주하고, 2부에서는 나를 수용하고, 3부에서는 남이 아닌 나를 의식하고, 4부에서는 행복으로 나아가는 과정을 담았습니다. 가능하다면 순서대로, 하루에 하나씩 30일간 나와의 대화를 꾸준히 나눠보기를 추천합니다.

이 책은 대상을 자존감이 높은 사람, 자존감이 낮은 사람으로 구분하지 않습니다. 영원히 높은 자존감도, 영원히 낮은 자존감도 없기 때문이죠. 대신 자존감이 건강한지 건강하지 않은지에 관심을 둡니다. 저는 자존감이 건강한 사람을 '자존러', 자존감이 건강하지 않은 사람을 '불안러'라고 표현합니다. 그때그때 내가 지금 자존러 상태인지, 불안러 상태인지 바로 파악하는 것이 중요합니다.

이 책은 내 마음의 문제를 해결하는 유일한 정답이 아닙니다. 하루아침에 달라질 수 있는 해결책을 제시하지도 않습니다. 세상에는 여러 심리학적 처방법이 있으며 사람마다 자기에게 맞는 방법이 다르기 때문입니다. 또한 스스로 해결할 수 없는 문제에 대해서는 전문가의 도움이 필요합니다. 따라서 내 마음을 일차적으로 들여다보는 데 이 책을 활용해 주시고, 그 기록을 바탕으로 나를 이해하고 나에게 맞는 길을 찾아가는 것이 더 중요하겠습니다.

좋지도 나쁘지도 않은 날들을 살아가는 보통의 우리들을 위해 이 책을 바칩니다. 나를 사랑하기 위한 첫걸음을 함께 내디뎌 보시겠습니까?

Special Thanks to

항상 제 글의 첫 독자가 되어주는 아버지와 사랑과 지지를 보내주는 가족,
함께 도전하고 성장하는 블룸컴퍼니 식구들과 박정효 대표님,
진정한 저를 마주할 수 있도록 많은 가르침을 주신 박경애 교수님,
그리고 마음 퍼실리테이션에 참여해 주신 내담자와 교육생 분들에게 깊이
감사드립니다.

2주. 수용하기

3주. 의식하기

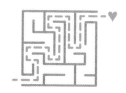

4주. 나아가기

1주. 마주하기

/

"나를 기준으로 타인을 판단하는 것은 월권행위다. 자존감은 오직 나만이 문을 열고 들어와 유영할 수 있는 자기만의 방이기 때문이다. 따라서 나를 타인이 멋대로 판단하게 두는 것은 나에 대한 직무 유기다."

내 알은 나만 깰 수 있다

---------------------------------- Essay ----------------------------------

나에 대한 직무 유기

열 살 즈음, 친구네 아랫목에는 곧 병아리가 될 알들이 부화를 기다리고 있었다. 새 생명이 탄생하는 광경을 보기 위해 매일 학교가 끝나기 무섭게 친구를 따라 그 집으로 달려갔었다. 그런데 우리의 기대와 달리 알은 미동조차 하지 않았다. 우리는 알껍데기가 너무 딱딱해서 병아리가 깨고 나오지 못한다 생각했고 급기야 알에 구멍을 내서 나오기 쉽게 도와주자고 의견을 모았다. 살짝 두드려 깬 알껍데기에는 온전히 자라지 못한 병아리의 털이 축축하게 붙어 있었다. 병아리는 스스로 알을 깨고 나와야 살 수 있다는 사실을, 그 기회를 내 손으로 빼앗았다는 것을 그때는 미처 알지 못했다. 결국 그날은 내 인생에서 가장 후회스러운 날이 되었다.

좋은 의도가 항상 좋은 결과를 가져오는 것은 아니다. '너를 위해서' 조언했는데 상대는 상처를 받고, '너 좋으라고' 도와줬는데 상대는 불필요한 간섭이라고 생각할 때가 있다. 좋은 의도의 기준이 나였기 때문이다. (내가 느끼기에) 너의 고민은 별것 아니고, (내가 생각하기에) 별것 아닌 고민에 오래 아파하는 것은 시간 낭비고, (내가 보기에) 너보다 더 힘들고 어려운 상황에 놓인 사람이 많다고 말하니 그럴 수밖에 없다.

나를 기준으로 타인을 판단하는 것은 월권행위다. 자존감은 오직 나만이 문을 열고 들어와 유영할 수 있는 자기만의 방이기 때문이다. 누군가가 나에 관해 이야기하는 것은 자칫 불청객의 등장처럼 불편한 일이 될 수 있다. 매우 사적이고 주관적인 행복의 근간이 바로 자존감이다.

따라서 나를 타인이 멋대로 판단하게 두는 것은 나에 대한 직무 유기다. 나의 행복을 가장 바라는 사람은 바로 나다. 내 알을 깰 수 있는 유일한 사람은 바로 나다. 그러므로 지금의 나를 바로 마주하는 일이 내 존재 가치를 스스로 증명하는 시작이다.

자아 정체성과 자존감

나는 누구인가? 나는 어떤 사람인가? 사람은 자신에 대해 끊임없이 생각하면서 자아상(자신에 대해 가지는 생각)을 확립해 나간다. 심리학자 에릭 에릭슨Erik Homburger Erikson은 인간의 진정한 정체성은 청소년기에 형성된다고 말했지만, 정체성 탐색기는 일평생 계속된다고 봐도 무방하다. 누군가는 60세에 은퇴하고 가정으로 돌아가면서 '나는 누구인가? 나는 어디로 가야 하는가?' 고민하기 시작하고, 누군가는 20대 내내 취업 준비에 힘쓰며 끊임없이 '나는 누구인가? 내가 원하는 것은 무엇인가?' 고민하니 말이다.

몇 살이 되었든, 정체성 탐색 과정에서 가장 요동치는 것이 바로 '자존감'이다. 에릭슨의 정체성 이론을 발전시킨 제임스 마샤James E. Marcia는 정체성의 상태를 4단계로 설명한다.

	역할 및 과업에 전념	
	높음	낮음
자기 탐색 및 위기 경험	정체감 성취	정체감 유예
	정체감 상실	정체감 혼미
낮음		

정체성에 대해 탐색할 노력이나 관심이 없는 '혼미' 상태, 탐색할 노력이나 위기 경험 없이 타인의 가치를 그대로 받아들이는 '상실' 상태, 끊임없는 자기 탐색과 정체성 위기를 경험하며 자신에 대해 고민하고 혼란을 겪는 '유예' 단계, 그리고 위기 경험과 대안 탐색의 노력을 통해 비로소 자신의 역할이나 과업에 몰두하게 되는 '성취' 단계가 있다. 정체성 성취 단계로 가기 위해서는 반드시 유예 단계인 과도기를 경험해야 한다.

다시 말해 정체성에 대한 고민과 혼란을 겪는 것은 나의 정체성을 성취하기 위한 자연스런 과정이다. 내가 다른 사람과 다르다는 것을 알고, 그 차이를 인정하고, 자기 존재의 가치를 인식하는 변화 과정에서 함께 자라는 것이 자존감이다. 정체성이 혼란스러우면 자존감은 당연히 불안정해진다. 과도기에 빠진 나에게 누군가 건넨 조언이 상처가 되는 이유도 이 때문이다.

잊지 말아야 할 것은 우리는 서로 다른 알 속에 있다는 사실이다. 우리는 서로의 세상을 모두 알지 못한다. 내 알을 스스로 깨고 나온 사람만이 스스로 행복해질 수 있다.

마음의 민낯 들여다보기

최근 내 마음 상태는 어떤가요? 내 마음을 날씨로 표현해 보세요.

이 책을 펼친 이유는 무엇인가요?

이 책을 읽은 나에게 어떤 변화가 일어나길 기대하나요?

자존감의 높고 낮음은 중요하지 않다

───────── (Essay) ─────────

신의 실수라도 상관없어

시골길을 따라 코스모스가 가득하다. 색깔도 다양하고 바람을 따라 이리저리 흔들리는 모양도 제각각이다. 코스모스의 탄생에는 여러 설이 있다. 신이 세상을 아름답게 만들기 위해 처음 만든 꽃이라는 설도 있고, 누군가는 신이 완벽한 꽃을 만들기 위해 여러 색깔을 섞다가 탄생한 습작이라고도 한다. 신의 첫 작품인지, 신의 실수인지 알 수 없지만 아무럼 어떤가. 이렇게 예쁜데.

어렸을 때, 엄마는 내가 태어난 날이 살면서 가장 서운한 날이었다고 장난처럼 이야기했었다. 그때로부터 20여 년이 지난 지금까지 그 말을 잊을 수 없다. 나는 삼 남매 중 둘째다. 우리나라 시골에서 나고 자란 삼 남매 하면 예상되듯, 남자아이를 낳아야 하는데 눈치 없이 태어난 두 딸 중에서 두 번째다. 존재 자체에 자격지심이 깔린 열등감 덩어리가 바로 나다. 그래서 끊임없이 사랑받고 관심받기 위해 노력하는 전형적인 둘째의 특성을 가졌다.

어쩌면 나를 신의 실수로 태어난 아이라고 생각하는 사람도 있었겠지만, 나는 나를 신의 실수로 내버려두지 않았다. 초등학생 때는 학원에 다니지 않고 언니 어깨너머로 한글을 배우고 공부도 곧잘 해냈다. 엄마는 그런 내가 기특하다며 빠듯한 살림에도 달콤한 소보루빵을 한가득 사서 교실에 돌리기도 했다. 중학생 때는 제법 인정받는 연극부원이었다. 춘향전의 월매 역할을 맡아 공연한 것이 학창 시절 내내 나의 큰 자랑거리였다. 춘향이나 이도령 같은 주인공이 아니어도 좋았다. 나는 학교에서 가장 리얼한 월매로 모든 이의 박수를 받았으니까.

코스모스가 길가에 피는 흔한 꽃이라고 귀하지 않은 것이 아니다. 신의 작품인지 실수인지는 그 누구도 모른다. 세상에 태어난 이상, 온정 어린 시선을 주고 잡초를 다듬어주는 정성만 기울인다면 코스모스는 가장 예쁘고 귀한 꽃으로 거듭날 수 있다.

자기 가치감과 자기 효능감

자존감은 내적 자존감과 외적 자존감으로 이루어진다. 내적 자존감은 자신의 가치를 긍정적으로 바라보는 것으로 자기 가치감이라고도 불린다. 타고난 성향이나 기질 같은 유전적 요인과 함께 성장하면서 학습한 생활 양식을 통해 자리 잡는데, 특히 부모의 양육 태도가 내적 자존감 형성에 큰 영향을 미친다. 정신분석학자 에릭슨에 의하면 2세 때 타인의 반응을 통해 최초의 자존감이 생기기 시작하는데, 부모의 행동과 부모가 자신을 대하는 태도를 모방하거나 부모의 자존감에서 간접적으로 영향을 받아 내적 자존감을 발달시킨다고 한다.

또 다른 축인 외적 자존감은 다른 말로 자기 효능감이다. 인정과 성취의 경험이 쌓여 형성되는 자기 능력에 대한 믿음이다. 삶을 스스로 통제할 수 있다는 만족감을 주며 자신에 대한 평가에 영향을 미친다.

내적 자존감과 외적 자존감은 서로를 끌어줄 수 있다. 내적 자존감이 높지 않아도 외적 자존감을 활용해 작은 성공과 성장을 반복 경험하면 내적 자존감은 물론 전체적인 자존감의 향상이 이뤄진다. 반대로 외적 자존감이 떨어져도 내적 자존감이 견고하면 위기를 잘 극복해낼 수 있다.

'영원히' 자존감이 높은 사람, '영원히' 자존감이 낮은 사람은 없다. 성공, 실패, 환희, 좌절, 순항, 난항이 번갈아 인생에 찾아오고, 우리는 그 영향권 한 가운데에 서 있기 때문이다. 무엇보다 여기서 높거나 낮다고 하는 자존감이 내적 자존감인지 외적 자존감인지 명확히 구분하여 진단하기도 어렵다.

　지금 내 마음의 상태를 아는 것이 중요하다. 현재 상태를 알아야 문제를 개선할 수 있다. 이때 자존감이 건강한지 건강하지 않은지가 관건이다. 건강한 자존감은 자기 가치에 대해 확신이나 긍정적인 평가가 가능한 상태, 건강하지 않은 자존감은 불안하고 자기 의심을 하는 상태다.

　어제의 '자존러'가 오늘은 '불안러'가 될 수 있고, 오늘의 '불안러'가 내일은 '자존러'가 될 수 있다. 그러니 걱정하지 말고 현재 내 자존감의 상태를 들여다보길 바란다. 나는 지금 '자존러'인가 '불안러'인가. 지금 나에게 필요한 것은 무엇일까?

자존감 상태 점검하기

나의 전반적인 자존감 상태를 체크해 보세요.

0 전혀 동의하지 않는다 1 동의하지 않는다 2 동의한다 3 매우 동의한다

문항	점수	계산
1. 전반적으로 스스로에게 만족한다.		
2. 때때로 나는 내가 능숙하지 않다고 생각한다.		3-점수
3. 나는 내가 많은 장점이 있다고 생각한다.		
4. 나는 대부분의 다른 사람들처럼 일을 잘할 수 있다.		
5. 나는 내가 자랑스러운 부분이 별로 없다고 생각한다.		3-점수
6. 나는 자주 내가 쓸모없는 존재라고 느낀다.		3-점수
7. 나는 내가 가치 있는 사람이라고 느낀다.		
8. 나는 내가 스스로 좀 더 존중하기를 바란다.		3-점수
9. 대체로 나는 내가 실패자라고 생각하는 경향이 있다.		3-점수
10. 나는 스스로 긍정적인 태도를 보인다.		
총점		

* 로젠버그의 자존감 척도

* '3-점수'라고 표시된 부분은 역산 항목입니다. 3점에서 자신의 점수를 빼서 작성하세요. 예를 들어 2점이면 3점에서 2점을 뺀 1점으로 계산합니다.

* 14점 이하는 자존감이 건강하지 못한 상태, 15점 이상은 자존감이 건강한 상태로 볼 수 있습니다. 다만 자존감의 상태는 유동적이므로 주기적으로 자신의 자존감 상태를 체크하는 용도로 활용할 것을 추천합니다.

나의 전반적인 자존감 상태에 영향을 미치는 내적 자존감과 외적 자존감에
대해 생각해 보세요.

내적 자존감	외적 자존감

건강한 자존감을 유지하거나 형성하기 위해 내가 할 수 있는 노력은 무엇일
까요?

3일
–
자존감은 현재 진행형이다

———————— (Essay) ————————

영원한 것은 없다

나에게도 숱한 불안러의 시기가 있었다. 가족 사이에서 무엇이든 나보다 남동생이 최우선이었을 때, 예쁜 드레스로 치장하고 그랜드 피아노를 연주하던 부잣집 친구네에 놀러 갔을 때, 통통한 체격 때문에 남들 앞에 서는 게 유독 부끄러웠던 열아홉 살 때 나의 자존감은 그늘졌었다. 이제는 세월에 기억이 희석되었지만, 그때 느낀 씁쓸함과 불쾌함은 여전히 온몸에 선명히 각인되어 있다.

　반대로 자존러의 시기도 적지 않았다. 처음 반장이 되었을 때, 짝사랑인 줄 알았는데 고백에 성공했을 때, 월드컵 자원봉사를 하며 애국심에 고취되었을 때, 독립해서 처음으로 나만의 공간을 갖게 되었을 때 나의 자존감은 생기를 띠었다. 이때는 나 자신에게도 친절했다.

자존감은 생각, 감정, 행동과 떼어놓을 수 없고 우리가 살아가며 내리는 수많은 선택에서 그 모습을 드러낸다. 하지만 내가 그랬듯 사람은 누구나 살아가는 동안 자존러와 불안러를 수없이 오간다.

다만 인생 전체를 놓고 봤을 때, 조금 더 빈번하게 나타나는 상태가 자존러인지 불안러인지 생각해 볼 필요가 있다. 자존감의 상태뿐만 아니라 나의 자존감이 안정적인 수준으로 '얼마나' 유지되는지도 중요하기 때문이다. 또 안정적인 수준을 유지하려면 '어떻게' 해야 하는지도 고민해 봐야 한다. 인생이 그렇듯, 자존감은 아직 결론 나지 않은 현재 진행형이니까.

Therapy

마음공부의 필요성

한때 자존감 열풍이 불었다. 자존감, 자존감, 자존감… 귀에 딱지가 앉도록 보고 들었을 것이다. 그럼에도 여전히 자존감에 관한 글들이 넘쳐난다. 그래서일까. 일상 대화에서도 자존감이라는 단어가 자주 등장한다.

이제는 지겨워진 이 자존감이 문득 생경하게 다가올 때가 있다. 바로 내 마음을 나조차 모를 때다. 내 행동의 이유를 나도 알수 없을 때, 내가 무엇을 망설이고 두려워하는지 모르겠을 때 우리는 자존감에 대해 진지하게 생각하게 된다. 나는 왜 이럴까? 내가 왜 그랬을까? 나는 왜 이렇게 쉽게 상처받을까?

내 마음을 보는 것도 버거운데 이제는 눈에 보이지 않는 바이러스까지 우리를 힘들게 한다. 그럴수록 사람들은 자신을 잃지않기 위해 애쓴다. 나를 더 안아주고, 나를 더 가치 있게 여기고, 나를 더 응원하는 방법을 갈구한다. 그 애틋한 마음이 모이고 모여 다시 자존감이 중요한 화두가 되었다. 그 전제에는 '나도 노력하면 더 행복해질 수 있다'는 가능성과 희망이 있다. 즉 자존감은이토록 삭막한 세상에서 나를 사랑하며 살기 위한 기본 수단이다.

내 마음을 공부해야 하는 이유도 여기에 있다. **나를 사랑하려면 나를 이해하는 것이 선행되어야 한다.** 자랑스럽고 내 마음에 드는 나도 나지만, 외면하고 숨기고 싶은 나도 나다. 따라서 나의 모든 면을 마주하고, 현실과 이상 사이에서 내가 지금 어디에서 있는지 돌아보면 나의 자존감이 건강한지 건강하지 않은지 알수 있다. 자존감이 안정적인 수준으로 지속되어야 행복하다고 느낄 수 있다. 내가 바라는 행복을 위해 무엇을 하고 싶고, 할 수 있고, 해야 하는지는 오로지 내 손에 달렸다.

자존감 경험 확인하기

'자존감' 하면 어떤 단어들이 떠오르나요?

최근 나는 언제 불안러 상태였나요?

최근 나는 언제 자존러 상태였나요?

나만의 케렌시아를 찾다

---- (Essay) ----

사소한 행복에 몰입하라

나의 독립의 역사는 열일곱 살 때 시작되었다. 고등학생 때는 학교가 집에서 멀어 기숙사에서 살았고, 대학생 때는 언니와 함께 서울 변두리 반지하 집에서 자취를 했다. 비가 억수같이 쏟아지면 하수도가 역류해서 방에 물이 들어찼는데, 그렇다고 빛이 들어오는 지상에 사는 친구들이 부럽지는 않았다. 물이 차기 전에 물을 퍼내면 그만이니까. 그곳이 나의 최선이었으니까.

물론 씩씩한 서울살이를 퍽퍽하게 만드는 순간도 종종 있었는데, 바로 서울 친구들과 어울릴 때였다. 삼삼오오 모여 놀다가도 해가 저물면 친구들의 핸드폰은 귀가를 재촉하는 부모님들의 전화로 불이 났다. 늘 바쁘던 부모님 밑에서 무엇이든 혼자 하는 것이 익숙했던 나는 처음으로 다른 사람의 관심이, 아니 정확히는 간섭이 부러웠다. 질투도 아니고 시기도 아닌 묵직한 무언가가 가슴을 눌렀다.

시골에서는 사는 것이 다 비슷비슷해서 다른 누군가의 삶이 특별히 부러웠던 적이 없었다. 그런데 서울에서는 하나부터 열까지 다 비교 대상이 되었다. 어느 순간에는 자존감이 바닥을 쳐 불안러가 되어버렸다.

뭐라도 해야 할 것 같은 마음에 주말마다 예식장에서 아르바이트를 한 돈으로 댄스 학원에 등록했다. 내친김에 인터넷 동호회도 가입해서 처음 정모라는 것도 나가보았다. 그런데 막상 참석해 보니 춤도 잘 추고 세련되게 꾸민 사람들 틈에서 나는 팔다리만 허우적대는 시골 쥐가 따로 없었다. 창피해서 당장이라도 도망가고 싶었지만 눈 딱 감고 세 번만 더 참여해 보기로 했다. 마음먹고 도전한 만큼 쉽게 포기하고 싶지 않았다.

그해 겨울, 동호회에서 여는 작은 공연에도 참여했다. 비록 맨 뒷줄, 잘 보이지 않는 자리에서 국민체조 하듯 몸을 움직였지만 더 이상 창피하지 않았다. 나에게 몰두한 이후로 비교의 저울에서 내려왔기 때문이다.

상대적 박탈감

높고 파란 하늘로 유명한 도시, 시드니에 사는 친구에게 그곳은 어떠냐고 물어본 적이 있다. "글쎄, 한국이 더 좋지 않나?" 어떠냐고 물었지, 어디가 더 좋은지 물은 게 아니었다. 우리는 알게 모르게 끊임없이 비교하며 살아간다. 비교 대상은 대부분 나보다 어떤 면에서든 더 나은 점을 가진 사람인 경우가 많다. 저 사람을 본받아야지, 하는 긍정적인 자극은 잠깐이고 대개는 위축되거나 초라함을 느끼는 것이 현실이다.

비교에 가장 예민한 시기가 불안러 상태에 있을 때다. 비교를 통해 자신을 부정적으로 평가하고 그 원인을 바꿀 수 없는 과거나 환경에서 찾을 때, 사람은 더 작아진다. 이때 우리를 가장 힘들게 하는 것은 상대적 박탈감이다.

미국의 사회학자 사무엘 스토퍼Samuel Andrew Stouffer는 다른 대상과 비교해서 무언가를 빼앗기거나 잃은 듯한 느낌을 상대적 박탈감이라고 표현했다. 주변 대상과의 비교를 통해 상대적으로 자신이 유리하다 느끼면 만족감이 들고, 반대로 불리하다고 생각이 들면 불만족스럽게 느끼는 것이다.

상대적 우월감도 마찬가지다. '비교하지 말라'는 말에는 나보다 나은 사람과의 비교뿐만 아니라 나보다 못한 사람과의 비교도 포함된다. 매일 지구촌 소식을 뒤지며 나보다 더 열악한 상황에 처한 사람들을 찾을 게 아니라면, 결국 씁쓸함만 남길 자위에 불과하다. 그러니 일시적인 정신 승리는 넣어두는 게 좋다.

타인과 비교를 멈추는 것은 결코 쉬운 일이 아니기에 집중할 수 있는 다른 대상을 찾아야 한다. 케렌시아Querencia. 스페인어로 피난처, 안식처라는 뜻이다. 원래는 투우장에서 소가 잠시 쉴 수 있는 공간을 의미하는 말이었는데 요즘에는 재충전하거나 힐링할 수 있는 자기만의 공간을 의미하는 말로 쓰인다.

주변에 원데이 클래스 마니아가 있다. 어느 날에는 떡케이크를 만들러 가더니 또 다른 날에는 그림, 커피, 재테크 등등 다양한 수업을 찾아 듣는다. 대체 뭘 하고 싶은 거냐고 물어보면 이게 자기만의 힐링 방식이라면서 뭔가를 배우고 몰입하는 기쁨 자체가 좋다고 한다. 집에서 핸드폰만 만지작거리며 시간을 죽이는 것보다 뿌듯하고 자존감도 올라가는 느낌이라나.

평범한 일상에 흩뿌려 놓는 행복의 기회, 그것에 몰입하는 경험은 나를 위한 작은 사치이자 나에게 줄 수 있는 최고의 선물이다. 무엇보다 나만의 안식처를 찾아 무언가에 몰입하고 만족감을 경험하는 것은 불안러에서 자존러로 가는 가장 쉬운 길이다. 나의 케렌시아는 어디일까?

나만의 케렌시아 찾기

최근 스스로 다른 사람과 비교했던 경험이 있나요? 그때 어떤 상황과 감정이었나요?

그때 나는 자존러, 불안러 중에서 어떤 상태였나요?

나만의 안식처, 무언가에 몰입하고 만족감을 얻는 순간, 나만의 케렌시아는 어디(무엇)인가요?

5일
–
나를 포기하지 않아 대견하다

───────── (Essay) ─────────

셀프 히어로

차들이 촌각을 다투는 강남역 사거리. 녹색 신호가 몇 초 남지 않은 횡단보도를 어떤 젊은 여자가 건널지 말지 망설이고 있었다. 내가 타고 있던 택시의 기사님이 어서 건너라고 손짓하자 여자는 가볍게 묵례하고 바삐 걸음을 옮겼다. 그러자 택시 뒤에 서 있던 차의 젊은 운전자가 "야! 운전을 왜 그따위로 해!"라고 고함치며 요란하게 경적을 울렸다. "허 참. 그놈 무지하게 바쁜가 보네. 어차피 통성명도 안 했으니 동갑으로 본 건가…." 나이 지긋하신 기사님은 머쓱할 만도 한데 별일 아니라는 듯 넘어갔다.

약속 장소에 도착하니 불행 배틀이 한참이다.

"내가 얼마나 힘드냐면 말이야…."

"말도 마. 그건 일도 아니야. 나는 말이야…."

두 명 이상 모이면 자동으로 시작하는 불행 배틀. 우리 중 누가 제일 힘든지 내기라도 한 듯 공감을 빙자한 푸념이 오간다. 누군가의 불행에 "나는 전혀 안 그런데?" 하는 것보다 "그건 그래도 다행이야. 나는 더한 일도 겪었는걸" 하는 게 미덕인 걸까. 너의 불행은 너에게만 일어나는 것이 아니니 안심해도 된다는 메시지처럼 말이다.

택시 기사님이 머릿속에 맴돈다. 불행 배틀이 만연한 사회 속에서 나를 깎아내리지 않고 스스로 존중하며 살아가는 여유, 위기를 의연하게 넘기는 위트, 옆 사람까지 기분 좋게 만드는 힘을 가진 그가 셀프 히어로다.

자존러의 세 가지 특징

심리학자들이 말하는 자존러와 불안러의 가장 큰 차이는 사고방식, 인간관계, 대처 능력 세 가지 측면이다.

첫 번째, 자존러의 사고방식은 현실적이고 긍정적이며 도전

적이고 창의적이다. 현실을 왜곡하지 않고 균형 잡힌 시각으로 세상을 바라보고 해석한다. 실패를 통해 배우고 성장하며, 호기심을 가지고 새로운 것에 도전하면서 창의적인 대안을 찾는다. 또 자신이 할 수 있는 것에 대한 영역을 확장하여 목표를 세워서 자신의 능력을 성장시키고 자존감을 꾸준히 키워나간다. 따라서 자기 긍정감을 자주 경험하고 긍정적인 성과를 얻는 경우가 많다.

두 번째, 자존러는 긍정적인 인간관계를 맺는다. 자신을 존중하는 만큼 다른 사람도 존중할 줄 알아서 주변과 원활한 의사소통이 가능하다. 자기 파괴적인 해석이나 왜곡을 하지 않기 때문에 더욱 건강한 관계를 맺을 수 있다. 또한 다른 사람의 성공을 위협으로 느끼지 않기 때문에 자신의 실수를 숨기지 않고, 비난과 비판을 구분해서 받아들인다. 즉 타인의 기준에 의해 자신을 평가하지 않으므로 솔직하게 자신의 의견을 표현하고 지속해서 긍정적인 관계를 맺을 수 있다.

세 번째, 자존러는 회복 탄력성이 뛰어나다. 자존러의 대처 방식은 역경의 순간에 빛을 발한다. 깊은 나락으로 떨어졌을 때 그저 상황을 받아들이는 것이 아니라 떨어지는 순간에도 다시 올라갈 수 있다는 믿음을 가진다. 한 번의 실패, 한순간의 실수가 내 인생 전부가 아니라는 것을 잘 알기 때문이다. 실패를 과정으로 받아들여 성장의 밑거름으로 삼고 또 다른 도전을 가능하게 한다.

하지만 자존러와 불안러는 칼로 무를 자르듯 구분하기가 쉽지 않다. 우리는 두 가지의 상태를 모두 경험하기에 자신의 현재 상태를 인지하고, 그 변동 폭이 크지 않게 끊임없이 나를 돌보는 것이 중요하다.

　　말처럼 쉽지 않다는 것을 잘 안다. 하지만 내가 지금 살아 숨 쉰다는 것은 그동안 삶을 잘 보내왔다는 뜻이다. 우리는 저 깊은 나락 속에서도 멱살을 잡든, 손을 잡든, 머리채를 잡든 나를 놓지 않고 햇빛이 비치는 곳으로 올라왔다. 그런 나를 대견해하고 한 번 더 용기를 내면 좋겠다.

역경의 순간 되돌아보기

주변에 자존러가 있나요? 왜 그렇게 생각하나요?

최근 나에게 역경이 있었다면 어떤 상황이었나요? 그때 내 자존감은 어떤 상태였나요?

그 순간을 어떻게 극복했나요?

할 수 있는 일과 없는 일을 구분하다

──────────────── (Essay) ────────────────

솔직히 부러웠다

허름한 분식집에서 김밥만 먹어도 웃음이 나던 시절, 시가의 작은 방에서 신혼 생활을 시작했다. 그래도 마냥 행복한 나날이었다. 3부에 걸쳐 세 벌의 드레스를 갈아입은 직장 동료의 화려한 호텔 결혼식을 보기 전까지는….

신랑 신부를 축하하는 마음은 진심이었지만, 집에 돌아오는 발걸음은 천근만근이었다. 동료에게 질투와 열등감을 느낀 내가 실망스럽고 부끄러웠다. 그런데 다음날 출근하니 너도 나도 그날에 대해 한마디씩 하고 있었다.

"괜히 집에 가서 누워 있는 남편만 흘겨봤다니까요."

"나는 엄마한테 괜히 짜증 냈잖아. 엄마가 나를 더 공부시켰으면 내가 더 좋은 직장에 가서 더 멋진 남자를 만날 수 있었는데, 엄마는 왜 그러지 않았냐고 했다니까."

"나는 하나도 안 부럽던걸? 누군 돈 없어서 그렇게 안 했나. 나도 일부러 소박하게 한 건데 꼭 과시하는 사람들이 있더라."

사실 우리 모두 그녀가 부러웠던 것이다. 정도와 표현의 차이가 있을 뿐 우리는 누구나 열등감을 경험한다. 그렇다고 해서 안심할 것이 아니라, 나의 열등감이 건강한 범위 안에 있는지 확인할 필요가 있다. 나는 어떤 방식으로 내 열등감을 표현하고 있을까.

───────── Therapy ─────────

열등감

열등감은 다른 사람보다 자신이 뒤떨어진다고 생각될 때 느끼는 감정으로, 타인과의 비교를 통해 자신을 평가하는 과정에서 나타난다. 간혹 자존감과 열등감이 반비례한다고 생각하는 사람들이 있다. 하지만 인간은 저마다 이유가 다를 뿐 기본적으로 열등감을 가지고 있다. 집단을 이루지 않고 혼자 살아간다면 열등감을 느낄 일이 없겠지만 그럴 가능성은 희박하기 때문에 살다 보면 원치 않아도 자연스럽게 열등감을 느끼게 된다.

심리학사 알프레드 아들러Alfred Adler는 열등감이 인간에게 자극제와 촉진제가 되어준다고 말한다. 타인과의 비교를 통해 자연스레 겪는 열등감을 수용하고 자기의 강점으로 보완하려는 태도가 열등감을 성장의 동기로 만드는 것이다.

종종 열등감의 늪에 빠진 사람들을 만난다. 그들은 '나는 어차피 해도 안 돼'라고 답을 정해놓고 시작한다. 가방끈이 길지 않아서, 외모가 예쁘고 멋지지 않아서, 경제적으로 여유롭지 못해서 같은 프레임 속에 자신을 가두고 '어차피 안 될' 것들만 수집하는 형국이다.

물론 그 이유가 지극히 주관적인 생각일 수도 있고, 어쩌면 객관적인 사실일 수도 있다. 중요한 것은 속 편한 자포자기보다 무모하더라도 용기 있게 해결책을 찾는 자세다. 만약 그 답이 '다시 태어나야 한다' 따위밖에 없다면 그 고민은 애초에 내가 해결할 수 있는 문제가 아니다. 그냥 잊는 것이 좋다.

하지만 인간은 열등한 부분이 있으면 우월한 부분도 있기 마련이다. 그것이 열등에 대한 보상이다. 부족한 부분을 보완하기 위해 다른 부분의 기능이 강화된 것이다. 스스로 질문해 보자. 현실적으로 바꾸기 힘든 부분은 무엇인가. 그럼 그 부분을 대체하고 보완할 수 있는 것은 무엇인가.

열등감이란 구멍 난 독과 같아서 여간 노력해도 채우기 쉽지 않은 영역임은 확실하다. 무엇보다 독에 난 구멍에만 정신이 팔린 나머지 그 옆에 핀 예쁜 꽃을 볼 여유조차 사라진다. 하지만 우리는 구멍만 가지지 않았다. 아직 발견하지 못했을 뿐, 퍽퍽한 열등감을 촉촉이 적셔줄 나만의 아름다움이 있다. 할 수 있는 일과 할 수 없는 일을 구분하고, 할 수 있는 일에 나의 온 자원을 집중하는 것. 그것이 바로 열등감과 화해하는 방법이다.

할 수 있는 일 찾기

최근에 열등감을 경험한 적이 있나요? 그 열등감은 어떻게 표현되었나요?

(예시) 영어로 대화하는 모임에서 나 혼자 꿀 먹은 벙어리가 됐다. -> 모임을 나가지 않는다.

그 열등감은 개선이 가능한가요? 어떻게 개선할 수 있을까요?

(예시) 영어 공부를 한다. 외국인 친구를 사귄다.

개선할 수 없다면, 내가 가진 다른 강점으로 보완할 방법은 무엇일까요?

(예시) 쾌활한 성격으로 모임에서 분위기 메이커 역할을 한다.

나라는 완벽한 타인을 이해하다

---— Essay —---

오늘이 가장 날씬한 날

입버릇처럼 "살 때문에 고민"이라는 푸념을 달고 산다. 태어나서 한 번도 말라본 적이 없다. 죽기 전에 한 번은 '말라깽이'라는 소리를 들어보는 게 평생소원일 만큼 나는 한 덩치 한다. 게다가 제일 힘든 게 '유지'하는 거라고 매년 인생 몸무게를 갱신하고 있다. 그런 나에게 한번은 지인이 이런 말을 했다.

"너를 뚱뚱하다고 생각해 본 적 없어. 늘 보기 좋았는걸."

"아니야. 난 진짜 날씬해지는 게 소원이야. 그런데 매년 찌고

만 있어."

"그럼 반대로 생각하면 어제는 오늘보다 날씬했다는 거잖아. 그럼 오늘이 앞으로의 인생 중 가장 날씬한 거네! 축하해. 가장 날씬한 오늘을."

새로운 관점이었다. 오늘이 우리 인생에서 가장 젊은 날이 듯, 오늘이 내 인생에서 가장 날씬한 날이라니. 관점을 달리해서 보니 제법 괜찮은 내가 거울에 비친다. 어제는 거울에 살집 잡힌 의기소침한 내가 있었는데, 오늘은 앞으로의 날들 중에 가장 날씬한 내가 웃고 있다.

그러고 보면 가장 날씬했던 20대에도 나는 내가 날씬하다고 생각했던 적이 없다. 나의 몸집이 어떻든 항상 스스로를 뚱뚱하다고 인지해 왔다. 이럴 줄 알았으면 날씬한 어제를 자신감 있게 누릴걸 그랬다.

종종 사람들에게 "보영 씨는 늘 밝고 긍정적이네요"라는 말을 듣는다. 뭐든 열심히 잘 해내고 싶은 욕심에 본래 소심하고 예민한 나를 숨기고 밝고 활기찬 모습으로 치장한 덕분일까. 그러던 어느 날, 누군가가 건넨 "너무 애쓰지 않아도 돼"라는 한마디에 눈물을 보이고 말았다. "일부러 더 밝고 활기차게 보이려 하지 않아도 네가 누구보다 용기 있고 신뢰할 수 있는 사람이라는 걸 모두가 알아." 나조차 잊고 지낸 내 모습을 봐준 그에게 고마운 한편, 나조차 잊을 만큼 내 모습을 숨겨온 것이 스스로 안타까웠다.

나를 보는 네 개의 창

사람은 누구나 **선택적 지각**Selective Perception을 한다. 선택적 지각은 객관적으로 정보를 받아들이지 않고 자신에게 유리하거나 익숙한 정보를 선택하여 인지하는 것을 의미한다. 즉 많은 데이터 중에서도 자신이 보고 듣고 싶은 정보만 선택적으로 받아들이고 다른 정보는 무시하는 것이다. 외로울 때는 길거리의 연인들만 눈에 들어오고, 명품 가방을 사고 나면 다른 사람들의 가방을 괜히 한 번 더 보게 되는 이유도 이 때문이다.

스스로에 대해서도 선택적 지각이 발휘된다. 그 결과를 자기 **개념**Self-concept이라고 한다. 자기 개념은 자신의 특성, 장단점, 신체적·심리적·지적 능력에 대한 인지적 평가를 포함한다. 어떤 경험을 했느냐에 따라 긍정적이거나 부정적인 자기 개념이 생긴다. 우울한 상황에서 '나는 세상 쓸모없는 존재야'라고 생각하듯 심리 상태에 따라 자기 개념을 왜곡하기도 한다.

부정적인 자기 개념을 가진 사람은 '내가 아는 나'와 '다른 사람이 아는 나' 사이의 차이를 발견하면 불안을 느끼고, 왜곡과 부인이라는 방어 기제를 사용한다. 자신감이 부족하고 소심한 나에게 누군가가 "너는 섬세하고 사려 깊은 사람이야"라고 말하면, '내가 아는 나'와 '다른 사람이 아는 나' 사이에 차이가 발생한다.

이때 혼란을 막기 위해 방어 기제가 불쑥 튀어나와 '저 사람은 나를 위로하려고 일부러 그러는 거야. 내가 소심하다는 말을 저렇게 완곡하게 돌려 말하고 있어'라고 삐뚤어지게 생각한다.

불안러 상태에서 흔히 볼 수 있는 패턴이다. 진심으로 칭찬을 해줘도 진심으로 받아들이지 못하고 왜곡하고 부인한다. 그래야 마음이 편안한 것 같으면서도 결국 자신을 더 초라하게 만들고 스스로 자존감에 상처를 내는 것이다.

나에게는 다양한 모습이 있다. 내가 보는 나도 있지만 타인이 보는 나도 있다. 또 보여주고 싶은 나도 있고, 숨기고 싶은 나도 있다. 이 모든 게 결국 '나'다.

조셉 러프트Joseph Luft와 해리 잉햄Harry Ingham은 '조하리의 창Johari window'이라는 자기 자신을 바라보는 네 가지 측면을 제시했다. 사람은 누구나 네 개의 창을 가지고 살아간다.

공개된 나 나도 알고 남들도 아는 나의 모습은?	보이지 않는 나 나는 모르지만 남들은 아는 나의 모습은?
숨겨진 나 나는 알지만 남들은 모르는 나의 모습은?	미지의 나 나도 모르고 남들도 모르는 나의 모습은?

첫 번째 창은 '공개된 나' 영역으로, 나도 알고 남들도 아는 나의 모습이다. 두 번째 창은 '숨겨진 나' 영역으로, 나는 알지만 남들은 모르는 나의 모습이다. 숨기거나 알려지지 않은 면이다.

세 번째 창은 '보이지 않는 나' 영역으로, 나는 모르지만 남들은 아는 나의 모습이다. 즉 내가 다른 사람들에게 어떻게 보이는지에 대한 부분이다. 네 번째 창은 '미지의 나' 영역으로, 나도 모르고 남들도 모르는 나의 모습이다. 이 안에는 아직은 알지 못하는 무의식의 자아 또는 내가 원하는 나의 모습이 있을 수 있다.

어떤 창이 나에게 가장 크게 자리 잡고 있을까. 가까운 사람에게 나에 관해 묻고 함께 창을 채워봐도 좋다. 있는 그대로의 나를 보고, 내가 어떤 방어 기제를 쓰고 있으며 어떤 나를 더 확장하고 싶은지 생각하는 것이 중요하다. 그 과정을 통해 '나'라는 사람에 대한 균형 잡힌 시각을 갖출 수 있다. 완벽한 나를 만나는 것이 아니라 왜곡에서 벗어나 균형을 찾는 것, 그것이 자존러가 자신을 바라보는 방식이다.

나에 관해 적어보기

1. 아래 예시 단어 중에서 나를 표현하는 단어를 6~10개 선택해 보세요.

2. 가까운 사람에게 나와 관련된 단어를 6~10개 추천받습니다. 한 명 이상에게 물어도 되고, 다수가 의논해서 단어를 선택해도 됩니다.

• 예시 단어

재능 있는, 솔직한, 융통성 있는, 대담한, 양면적인, 용감한, 침착한, 친절한, 유쾌한, 영리한, 까다로운, 자신감 있는, 믿음직한, 품위 있는, 이해심 있는, 활동적인, 외향적인, 사교적인, 마음이 넓은, 행복한, 도움을 베푸는, 이상적인, 독립적인, 창의적인, 총명한, 내성적인, 상냥한, 똑똑한, 논리적인, 다정한, 성숙한, 겸손한, 예민한, 주의 깊은, 체계적인, 인내심 있는, 강한, 자부심 넘치는, 조용한, 생각이 깊은, 편안한, 신앙심이 깊은, 민감한, 철저한, 자기주장이 강한, 자의식이 강한, 현명한, 감성적인, 수줍은, 어리석은, 자발적인, 호감이 가는, 신경이 날카로운, 신뢰할 수 있는, 따뜻한, 지혜로운, 재치 있는

3. 내가 선택한 단어와 타인이 선택한 단어 중 중복되는 것을 '공개된 나' 영역에 작성합니다.

4. 내가 선택한 단어 중 '공개된 나' 영역에 들어가지 않은 단어는 '숨겨진 나' 영역에 작성합니다.

5. 타인이 선택한 단어 중 '공개된 나' 영역에 들어가지 않은 단어는 '보이지 않는 나' 영역에 작성합니다.

6. 나와 타인에게 모두 선택되지 않은 단어는 '미지의 나' 영역에 해당합니다. 그중에서 앞으로 내가 발전하고 싶은 모습에 해당하는 단어를 선택해서 '미지의 나' 영역에 작성합니다.

공개된 나 나도 알고 남들도 아는 나의 모습은?	보이지 않는 나 나는 모르지만 남들은 아는 나의 모습은?
숨겨진 나 나는 알지만 남들은 모르는 나의 모습은?	미지의 나 나도 모르고 남들도 모르는 나의 모습은?

* 조하리의 창

어떤 영역이 가장 많은 단어를 담고 있나요? '공개된 나'와 '숨겨진 나'를 보고 어떤 생각이 드나요?

'보이지 않는 나'의 영역에 대해 어떤 생각이 드나요? 주변 사람들에게 물어보고 단어를 추가해 보세요. 어떤 단어가 추가되었나요?

결과를 보고 나에 대해 어떤 생각이 드나요? 그리고 '공개된 나'의 영역을 확장시켜 나가려면 어떤 노력들이 필요할까요?

8일
-
행복은 보물찾기가 아니다

───────── (Essay) ─────────

행복에 정답은 없다

아이가 태어나는 순간 모성애가 생기는 줄 알았는데, 웬걸. 주름
진 얼굴에, 손닿으면 부서질 듯한 작은 생명을 마주하고도 도무지
모성애가 생기지 않았다. 정말 내 아이인가? 내가 낳은 게 맞나?
정도의 신기함이랄까. 그때는 몰랐다. 100일 동안 아이와 24시간
붙어 잠 못 자고, 같이 울고 웃기를 반복하는 사이에 생긴 알 수
없는 *끈끈함*이 바로 모성애라는 것을.

　　내가 엄마라는 사실을 알아보기라도 하듯이 내 품에서 편안

하게 잠든 아이를 보며 이런 것이 행복인가 하는 생각이 들었다. 세상의 티끌 같은 존재라고 생각했던 나에게 엄마라는 이름은 엄청난 존재 가치를 부여했다. 적어도 아이에게만큼은 내가 절대적이고 유일한 존재니까.

내가 늦여름에 갓 태어난 아이와 모성애를 쥐어짜며 씨름하고 있을 때, 한 친구가 체인과 해골이 주렁주렁 달린 가죽 바지와 부츠를 신은 남자친구를 지인들에게 소개했다. 독신주의라고 했던 그녀가 자신과 생각과 이상이 너무 잘 맞는 사람을 만났다고 했을 때 내심 진지한 만남이 아닐 거라 생각했다.

하지만 오랜 만남 끝에 확신을 갖게 된 두 사람은 소박한 셀프 웨딩으로 평생을 약속했다. 서로를 바라보던 사랑스러운 눈빛이 여전히 생생하게 기억 난다. 10년이 지난 지금도 두 사람은 서로의 유일한 사랑이다. 무작정 텐트 하나를 들고 함께 여행을 떠나거나 락 페스티벌을 찾아다니면서 맥주 한잔과 춤을 즐긴다. 누군가 "더 늦기 전에 아이를 낳아야지"라고 오지랖 넓은 훈수라도 두면 "키워주실 거예요?"라고 쏘아붙이면서 지금의 자유로운 삶이 더할 나위 없이 만족스럽다고 이야기한다.

행복에 정답은 없다. 저마다 행복의 기준과 의미가 다르듯이 행복을 바라보는 관점 또한 사람마다 다르다. 그러나 행복은 삶이라는 강물에 몸을 맡겨 그저 표류할 때 얻을 수 있는 것이 아니다. 스스로 부여한 의미는 내 선택에 힘을 실어주고 확신을 갖게 한다. 내 삶에 의미를 찾고 진정한 행복을 향해 나아가는 일, 그것이 우리에게 주어진 인생의 소명 아닐까?

―――――――――― (Therapy) ――――――――――

주관적 안녕감

자존감은 많은 연구에서 행복과 높은 상관관계를 보인다. 자기결정성 이론으로 유명한 심리학자 에드워드 데시Edward L. Deci와 리차드 라이언Richard M. Ryan은 자존감은 개인의 성장, 성취와 관련된 경험이자 다른 사람과의 긍정적인 관계 및 생산적 활동에 영향을 미쳐 행복을 증진시키는 것이라고 말한다.

인간은 누구나 행복을 추구한다. 그런데 지금 누군가 우리에게 "행복하십니까?"라고 묻는다면 어떤 대답이 나올까? 아마 자신이 생각하는 행복의 기준부터 저마다 다를 것이다. 개인적인 경험과 가치관, 사회적 관계나 경제적 상황 등에 따라 사람은 저마다 다른 관점으로 행복을 바라본다.

심리학에서는 행복을 크게 두 가지 측면으로 본다. 하나는 '내 삶에 얼마나 만족하는가'에 관한 인지적인 측면, 또 다른 하나는 '긍정적인 감정을 얼마나 많이 경험하고 살아가는가'에 관한 정서적 측면이다. 즉 심리학자들이 말하는 행복이란, 내 삶에 만족하며 긍정적인 감정을 자주 경험하고 살아가는 상태이다.

중요한 것은 두 가지 측면 모두 주관적이라는 사실이다. 심리학자 에드 디너Edward F. Diener는 과학적 의미의 행복을 주관적 안녕감Subjective well-being이라고 정의했다. 행복의 기준과 의미는 주관적이기에 누군가 내 손에 쥐여줄 수 없다는 것이다.

따라서 우리는 매 순간 어떠한 의미를 부여하느냐에 따라 자신을 행복한 존재로 만들기도, 세상에서 가장 불행한 존재로 만들기도 한다. 물론 매 순간 인생의 소명이나 기여 같은 거창한 의미를 찾기는 힘들다. 그저 오늘 하루 알차게 보냈다, 웃음으로 가득한 하루였다 같은 단기적이고 상황적인 의미 부여만으로도 충분하다. 행복은 어쩌다 당첨될 수 있는 로또 같은 행운도 아니고, 땅굴 깊이 숨겨진 보물도 아니다. 일상에 소소한 의미를 찾아가는 일, 하루하루의 소중함을 느끼며 내 삶을 채워 나가는 일. 그것이 우리를 행복한 자존러로 만들어줄 것이다.

행복도 측정하기

나의 행복에 관해 생각해 보세요.

인지적 행복						
* 나는 얼마나 행복한가요? 1점부터 7점까지 자신에게 가까운 점수를 작성해 주세요.						
전혀 아니다	아니다	약간 아니다	중간이다	약간 그렇다	그렇다	매우 그렇다
1	2	3	4	5	6	7

문항	점수
1. 전반적으로 나의 인생은 내가 이상적으로 여기는 모습에 가깝다.	
2. 내 인생의 여건은 아주 좋은 편이다.	
3. 나는 나의 삶에 만족한다.	
4. 지금까지 나는 내 인생에서 원하는 중요한 것들을 이루어냈다.	
5. 다시 태어난다 해도 나는 지금처럼 살아갈 것이다.	
총점	

* 삶의 만족도 척도(SWLS)

* 결과

31~35점	매우 만족함	15~19점	약간 불만족함
26~30점	상당히 만족함	10~14점	상당히 불만족함
21~25점	약간 만족함	5~9점	매우 불만족함
20점	중립 상태(보통)		

정서적 행복

* 최근 2주간 자신이 느낀 감정이나 기분의 정도를 체크해 보세요.

전혀 아니다	약간 그렇다	어느 정도 그렇다	상당히 그렇다	매우 그렇다
1	2	3	4	5

정서	점수	정서	점수
신나는		괴로운	
활기찬		화난	
자신감 있는		죄책감 느끼는	
열정적인		위축된, 무서운	
자랑스러운		분노를 느끼는	
맑고 상쾌한		짜증 나는	
의욕적인		창피한	
확신에 찬		신경질적인	
자상한		초조한	
활동적인		두려운	
총점		총점	

* 긍정/부정 정서 척도

* 결과 : 좌측은 긍정 정서, 우측은 부정 정서에 해당합니다. 어떤 정서의 점수 합계가 더 큰지 확인해 보세요.

두 가지 측면의 행복 측정을 해본 뒤 느낀 점은 무엇인가요?

나의 자존감과 행복감은 어떤 관계가 있을까요?

2주. 수용하기

/

"다른 것에 마음을 기대어 도움을 받는 것을 '의지하다'라고 말한다. 다른 것의 의지하여 '존재하는' 순간 '의존하다'가 되어버린다. 나의 존재 가치를 타인의 손에 맡기는 셈이다. 나를 수용한다는 것은 내 삶을 스스로 책임진다는 것이다. 아무도 내 삶을 대신할 수 없다. 아무도 내 삶을 책임지지 않는다. 내 인생의 책임자는 오직 나뿐이다."

의지하되 의존하지 않는다

―――――――――――――――― (Essay) ――――――――――――――――

혼자 있으면 불안해

'혼자 있으면 기분이 별로 좋지 않다. 인터넷 서핑도 이젠 지겹다. 메신저를 켜 친구 목록을 살핀다. 100개는 족히 넘는 지인들의 프로필 사진과 연락처가 눈에 들어온다. 하지만 이들 중 누구에게 연락해야 할지 모르겠다. 혼자 있는 시간이 너무 힘들다. 외롭고 공허하고 답답하다. 나도 내가 유독 자존감이 약하고 외로움을 많이 탄다는 것을 안다. 마음을 주고 나의 모든 것을 공유했던 사람들은 언젠가는 나를 떠나버린다. 그래서 나는 늘 혼자였다. 나는 그들에게 최선을 다했는데, 무엇이 문제였을까. 오늘 이 허전한 마음을 또 누구를 통해 채워야 할까. 오늘도 메신저 친구 목록을 한참 들여다본다. 내 이야기를 내가 원할 때, 내가 원하는 만큼 들어줄 수 있는 사람이 필요하다. 상담을 받아볼까?'

그녀는 헛헛한 마음을 안고 상담소를 찾았다. 첫 상담이 끝난 뒤 그녀는 내게 문자를 보내왔다. "상담사님, 마음에 들어요!" 별로라는 후기보다는 분명 좋은 소식이었으나 마냥 기쁘지만은 않았다. 아니나 다를까. 밤이면 공허하고 슬프다며 메시지를 보내오는 탓에 그때마다 깊은 고민에 빠져야 했다.

누군가가 옆에 있지 않으면 불안한 사람, 단지 기댈 곳이 필요한 사람에게 상담사는 의존하기 가장 쉬운 대상이다. 내담자의 이야기에 공감해 주고 격려와 지지를 아끼지 않으니 내담자의 의존성은 더욱 커진다. 급기야 상담이 끝나가는 것을 두려워하고 불안해하는 경우도 있다.

상담사는 조력자일 뿐이다. 그녀의 삶을 대신 살아줄 수도, 책임질 수도 없다. 그럴 의무도, 자격도 없다. 그녀의 삶은 그녀의 것이니까. 상담을 받고자 마음먹었다면 내 고민의 해결사를 만나는 것이 아니라 스스로 해결해 나갈 수 있도록 도와주는 조력자를 만나는 것임을 기억해야 한다. 그 누구도 내 삶을 대신해 줄 수 없다.

의존심

나는 나의 일을 하고
당신은 당신의 일을 합니다.

내가 이 세상에 존재하는 것은
당신의 기대에 부응하기 위한 것이 아니고

당신이 이 세상에 존재하는 것도
나의 기대에 맞추기 위한 것이 아닙니다.

나는 나이며, 당신은 당신일 뿐입니다.
어쩌다 우리가 서로를 알게 된다면 참 멋진 일이겠죠.
만약 그렇지 않다고 해도, 어쩔 수 없는 것입니다.

－프리츠 펄스Fritz Perls

다른 것에 마음을 기대어 도움을 받는 것을 '의지하다'라고
말한다. 다른 것의 의지하여 '존재하는' 순간 '의존하다'가 되어버
린다. 나의 존재 가치를 타인의 손에 맡기는 셈이다. 마음이 불안

하면 의존도가 높아진다. 자기 확신이 부족하니 타인으로부터 마음의 안도감을 채우는 셈인데, 그럴수록 자신감은 더 줄어들고 타인의 사랑과 관심을 갈구하게 된다. 혼자 있으면 무기력하고 불안해지고 의존 대상이 자신에게서 멀어지면 불안감을 느끼다가 그 관계가 끊기면 또 다른 사람을 찾아 떠나는 악순환이 이어진다.

아무도 내 삶을 대신할 수 없다. 아무도 내 삶을 책임지지 않는다. 내 인생의 책임자는 오직 나뿐이다. 나를 낳고 기른 부모에게도, 힘들 때 내 곁을 지켜주는 연인과 친구에게도 의지는 하되 의존해서는 안 된다.

나를 수용한다는 것은 내 삶을 스스로 책임진다는 것이다. 힘들 때 기댈 수 있는 존재가 있다는 것은 크나큰 행복이고 행운이지만 의지와 의존의 차이를 알아야 한다. 내 행동의 이유를 인정하고, 앞으로 어떻게 해야 할지를 찾아 나아가는 것. 그것이 진정으로 자신을 수용하고 사랑하는 방법이다.

자립 문장 완성하기

내가 의지하는 대상은 누구인가요?

혹시 누군가에게 의존했던 경험이 있나요? 그때 내가 느낀 감정은 무엇이었나요?

나를 수용하고 사랑하기 위한 자립 문장을 완성해 보세요.

나는 나를 진정으로 수용하고 사랑한다.

나는 나의 _____에 대해 책임을 진다.

나는 내가 _____를 진심으로 바란다.

나는 더 행복해지기 위해 _____하겠다.

나는 더 행복해지기 위해 _____하지 않겠다.

가족은 내 인생의 조연이다

---— (Essay) ———---

행복한 척 덮어버린 시간

햇빛이 쨍하게 내리쬐던 날. 학교에서 돌아와 집 문을 열자 평소
와 다른 공기가 몸을 감쌌다. 엄마의 촉촉한 눈가를 보니 혼자 집
에서 울었던 것이 틀림없었다. 그날 저녁, 난생처음으로 주방 한
쪽에서 소주를 한잔하는 엄마를 보았다.

　아빠 때문이리라 짐작했지만 내색하지는 않았다. 엄마의 눈
물만으로 내 심장은 충분히 철렁했기에 엄마를 울린 일이 대체
무엇인지 물어볼 용기가 나지 않았다. 그 이유를 알아버리면 엄

마가 우리를 두고 떠나버릴 것 같다는 막연한 두려움도 있었다. 그래서 다음날 아무렇지 않은 척하는 엄마를 보며 내심 안도했을 지도 모른다.

그때부터였다. 나는 누군가에게 좋지 않은 일이 생겨도 굳이 물어보거나 알려고 하지 않았다. 문제를 문제라고 말하는 순간 진짜 문제가 되어버리니까. 나뿐만 아니라 가족들도 좋지 않은 일은 그저 조용히 모르는 척 덮어버렸다. 학교에서 선생님께 회 초리로 흠씬 두들겨 맞고 집에 와서 대성통곡했을 때도 가족들은 무슨 일이냐고 캐묻는 법이 없었다. 그게 우리 가족의 암묵적인 규칙이었다. 우리는 즐겁고 좋은 일만 크게 떠들었다.

(Therapy)

가족 규칙과 가족 신화

많은 이들이 상담에 거부감을 가지는 이유 중 하나는 과거 소환 에 대한 부담감 때문이다. 케케묵은 감정과 돌아가고 싶지 않은 과거의 순간을 내 힘으로 끄집어내서 당시의 불편함을 마주해야 하니까 두려움이 앞서는 건 당연하다.

이런 이야기를 할 때 빠지지 않고 등장하는 것이 바로 가족 이다. 가족은 내 인생의 조연이라 어떤 이유로든 그들의 영향권 에서 벗어날 수 없는 것이 현실이다. 엄마처럼 살지 말아야지, 아빠 같은 사람 만나지 말아야지 숱하게 다짐하지만 우리는 이미 많은 면에서 그들과 닮아 있다. 그것이 바로 가족이 내게 남기는 보이지 않는 유산이다.

어느 가정이나 명백하지만 암묵적으로 동의된 일종의 규칙이 있다. 이른바 **가족 규칙**Family Rules은 자신도 모르게 가족 구성원의 행동을 강화하거나 억압한다. '1월 1일 새해는 반드시 가족과 함께 보낸다'라는 규칙이 있는데 다른 친구랑 여행을 가버리면 집에 냉기가 도는 것처럼, 규칙을 따르지 않는 구성원은 갈등을 겪기 마련이다.

가족 규칙보다 더 강한 신념이나 기대를 **가족 신화**Family Myth라고 한다. 오랜 시간에 걸쳐 형성된 만큼 가족 구성원 사이에서 뿌리 깊게 박힌 일종의 믿음이다. 가족 신화를 유지하기 위해 가족 규칙이 생기기도 한다. 예를 들면 '가족은 무조건 모든 것을 공유해야 한다' 같은 것이다.

안타깝게도 종종 비합리적인 가족 규칙이나 신화를 가진 사람들이 있다. 정작 당사자는 이 사실을 알지 못한다. 마치 지구는 평평하고 지구 끝에는 낭떠러지가 있을 거라고 당연하게 생각한 옛사람들처럼, 그것은 너무도 당연하고 절대적이기에 옳고 그름을 판단할 생각조차 하지 못한다.

아버지와의 관계에 대한 고민을 토로한 내담자가 있었다. 그녀의 삶에 아버지가 많은 부분 개입하는 탓에 결혼한 이후에는 남편과도 갈등이 생겨 힘들다고 했다. 아버지와 이야기해 봤냐고 물어보자 그녀는 "그럴 수 없어요. 아버지가 충격받으실 거예요. 상처를 잘 받는 여린 분이거든요"라고 답했다. 그도 그럴 것이, 그녀가 사춘기였을 때 아버지에게 한번 반항하자 아버지가 충격을 받고 자신은 쓸모없는 존재라며 집을 나간 뒤 모든 경제적 지원을 끊어버렸다고 한다. 그 탓에 한동안 가족 모두가 힘들어져서 그 이후로는 가족 누구도 아버지의 뜻을 거스르지 않았다. 아버지의 가출은 일종의 정서적 학대였지만 그녀는 전혀 그렇게 생각하지 않았다. 이 가정의 가족 신화는 '아버지는 여린 사람이다'이고, 가족 규칙은 '아버지의 말을 거스르면 안 된다'이다. 비합리적인 가족 신화나 규칙을 자각하지 못한다 해도 이렇게 일상에서 갈등의 씨앗이 되는 것은 막지 못한다.

물론 대부분은 합리적이고 상식적인 수준의 가족 규칙을 가지고 있다. 그러나 우리 가족의 규칙이 모든 집에 통용되는 것은 아니다. 특히 결혼은 수십 년을 다른 가족 규칙 아래 살아온 사람들이 만나 새로운 가족을 만드는 제도라서 충돌이 불가피하다. '결혼 후 3년은 원수처럼 싸운다'는 말이 괜히 있는 게 아니다. 서로 다른 가족 규칙이 수면 위로 드러나 불꽃 튀기는 시기이기 때문이다.

내가 가진 가족 규칙은 무엇인지, 내가 가족으로부터 물려받은 보이지 않는 유산은 무엇인지, 내가 나의 자녀에게 물려주고 싶은 유산과 대물림하고 싶지 않은 유산은 무엇인지 생각해 보자.

가족 문장 완성하기

가족과 관련된 문장의 빈칸을 채워보세요.

나의 어머니는 _____다.

내가 어머니에게 가장 닮고 싶지 않은 면은 _____다.

나는 어머니의 _____을/를 닮았다.

나는 어머니에게 _____을/를 바란다.

나의 아버지는 _____다.

내가 아버지에게 가장 닮고 싶지 않은 면은 _____다.

나는 아버지의 _____을/를 닮았다.

나는 아버지에게 _____을/를 바란다.

나의 가족은 _____다.

'가족' 하면 떠오르는 것은 _____다.

가족과 가장 좋았던 순간은 _____다.

가족과 가장 힘들었던 순간은 _____다.

우리 가족의 보이지 않는 규칙은 _____다.

내가 진정 가족에게 바라는 것은 _____다.

내가 자녀에게 물려주고 싶은 나의 가족 규칙은 _____다.

11일

나의 관계 패턴이 연애를 망친다

내 연애는 왜 이럴까

세상에는 수많은 연애 방식이 있다. 젊은 시절 나의 연애는 늘 외로움과의 사투였다. 말하지 않아도 상대가 내 감정을 알아주기를 바랐다. 그러다 보니 혼자 서운해하고 속상해하다가 혼자 마음을 정리해 버리기 일쑤였다. 그게 상대에게 부담을 주지 않는 배려라고 생각했다.

"나를 얼마큼 사랑해? 나의 어디가 좋아? 나를 왜 사랑해?" 한창 불타는 연애 중인 여자는 남자에게 묻고 또 묻는다. 자신이 사랑받고 있음을 확인하는 방법이다. 예뻐서, 착해서, 함께 있을 때 즐거워서 같은 답을 들음으로써 자기 존재가 소중하게 느껴지고 자존감이 높아지면서 행복해한다.

'답정너'처럼 원하는 답을 얻어내면서도 한편으로는 상대의 진심을 늘 의심한다. 그래서 상대가 조금이라도 평소와 다른 태도를 보이면 그가 했던 말을 곱씹는다. 내가 더 이상 예쁘지 않은 건가? 내가 전보다 상냥하게 굴지 않아서 그런가? 나와 있는 시간이 더 이상 즐겁지 않나? 온갖 상상의 나래를 펼친다. 미세하게 달라진 상대의 표정과 말투 하나하나에 촉각을 곤두세우고 자신의 존재 가치를 의심한다. 나의 가치가 상대에 의해 좌우되기에 정말로 상대의 마음이 변하거나 이별을 맞이하면 자존감은 나락으로 떨어지고 만다. 나의 자존감을 상대에게 의존했기 때문이다.

이들은 방어 기제로 항상 이별 대기 중이다. 최악의 상황을 염두에 두고 '상처받고 싶지 않아. 이게 나를 지키는 최선의 방법이야'라며 자기합리화 한다. 하지만 그들은 온몸으로 '나는 사랑받고 싶어'라고 외치고 있다. 자신에 대한 확신이 없어서 늘 불안하고 그 불안함을 상대를 통해 채우려 하지만 자기도 모르는 답을 상대에게서 찾으니 상대도 지칠 수밖에 없다.

나의 연애는 왜 늘 비슷한 패턴을 반복할까? 새로운 사랑이 시작되면 나도 새로운 나를 보여주고 싶은데, 이번 연애는 좀 다른 것 같다가도 시간이 지나면 다시 원래대로 돌아온다. 만약 지금 내 행동이 나와 상대방을 힘들게 한다면, 나를 제대로 마주하고 그 행동을 계속할지 그만둘지 선택해야 한다. 그러기 위해서는 나의 관계 패턴을 들여다볼 필요가 있다.

Therapy

애착 관계 유형

상상해 보자. 나는 아주 어린 아이다. 어머니는 낯선 공간에, 낯선 사람에게 나를 맡기고 잠시 자리를 비운다. 나는 어떤 반응을 보일까?

안정적인 애착 관계의 아이는 엄마가 사라진 것을 알고 처음엔 불안해서 울음을 터트리지만 잠시 뒤 엄마가 나타나면 금세 안도하고 하던 놀이에 다시 집중한다. 반면 회피적인 애착 관계의 아이는 엄마가 떠나도 별 관심이 없고, 엄마가 돌아와도 냉담하다. 양가적인(모순적인) 애착 관계의 아이는 엄마가 없어진 것을 알고 울분 섞인 울음을 터트린다. 한번 터진 울음은 엄마가 돌아와도 멈추지 않고, 화를 내며 엄마를 때리기도 한다. 엄마가 돌아와서 안심은 되지만 자신을 두고 떠난 것에 대한 원망이 남아 있어 아이도 혼란스러운 것이다.

발달심리학자이자 핵심애착이론가인 매리 애인스워스Mary Dinsmore Ainsworth는 유아기 아이들의 애착 반응을 연구하기 위해 낯선 반응Strange Situation 검사를 실시했고, 그 결과로 아동의 애착 유형을 **안정형, 회피형, 양가형**으로 구분했다.

애착은 가까운 사람에게 느끼는 정서적 유대 관계다. 애착심리학자들은 유아기의 애착 유형이 성인이 되어서 타인과 관계를 맺을 때 영향을 끼친다고 말한다. 대부분 태어나서 가장 처음 경험하는 애착은 주 양육자인 어머니로부터 비롯된다. 어머니는 아이에게 가장 큰 안전 기지이자 쉼터이며 위안처다. 그런 어머니와의 초기 정서적 교류에 따라 애착 유형이 자리 잡게 된다.

성인이 되어서도 노력에 따라 애착 관계의 패턴을 바꿀 수 있다. 물론 노력하지 않으면 나도 괴롭고 상대도 괴롭다가 결국 내 자녀에게도 나의 못난 애착 관계를 대물림하게 된다. 어린 시절의 나는 바쁜 엄마에게 무엇이든 혼자 알아서 잘하는 착한 아이였다. 커서도 배려라는 명목으로 상대방에게 제대로 내 의견을 표현하지 못했던 것은 전형적인 회피형 애착 관계의 특징이다.

진정한 변화를 위해서는 나의 관계 패턴을 확인하고 그것이 이면의 어떤 감정과 연결되어 있는지 확인해야 한다. 그리고 내가 관계에서 무엇을 두려워하고 그 감정을 어떻게 표현하는지, 상대방에게 정말 원하는 것이 무엇인지 알아야 한다.

관계 패턴 파악하기

다음 중 관계 속에서 나의 감정을 가장 잘 묘사하는 것은?

안정형	다른 사람과 비교적 쉽게 친해진다. 누군가와 서로 의지하는 것도 두렵지 않다. 버림받을까 봐 걱정하지 않고, 누군가가 내게 가까이 다가오는 것에 부담을 느끼지 않는다.
회피형	다른 사람과 가까워지는 것이 다소 불편하다. 타인을 신뢰하기가 어렵고 서로 의지하는 것도 힘들다. 누군가가 내게 가까이 다가오면 불편하다. 종종 나를 사랑하는 사람들은 내가 편안하다고 느끼기보다 나와 더 가까워지기를 원한다.
양가형	다른 사람들은 내가 원하는 만큼 나와 가까워지려 하지 않는다. 내가 사랑하는 사람은 나를 사랑하지 않고, 나와 함께 있고 싶어 하지 않는 것 같아 걱정된다. 다른 사람과 완전히 하나가 되고 싶지만 그것이 때로는 상대방을 멀어지게 하는 것 같다.

세 가지 유형 중 나의 관계 패턴은 무엇인가요? 또 나의 사랑 패턴은 무엇인가요?

나는 관계에 있어 어떤 것이 두렵나요?

내가 상대방에게 진정으로 원하는 것은 무엇인가요? 구체적으로 적어보세요.

12일

\-

변하는 것이 사랑의 순리다

———————— (Essay) ————————

사랑의 다른 말

한창 이성에 눈을 뜨기 시작한 중학생 시절. "아빠, 나는 지금도 좋아하는 연예인이 여러 명인데, 어떻게 몇십 년 동안 한 사람만 사랑할 수 있어?"라고 묻는 나에게 아빠는 이런 말을 해줬다.

"사랑은 형태가 조금씩 바뀌어. 함께한 시간에 따라서도 달라지고 깊이에 따라서도 달라지지. 호기심, 설렘, 행복, 그리움, 익숙함, 편안함, 고마움, 정. 모두 사랑의 또 다른 이름이야. 아빠와 엄마의 사랑은 지금 '정'이라는 이름으로 불리고 있지. 모든 사랑의 형태들을 경험하고 난 다음에나 붙일 수 있는 아주 깊이 있는 사랑의 이름이기도 하고."

드라마로 사랑을 배웠던 나이에는 아빠의 이야기가 너무도 어려웠는데 이제는 그 말이 무슨 뜻인지 알 것 같다. 영원히 설렘을 느끼며 살아가는 연인이 세상에 있을까? 편안함과 익숙함을 느낀다고 해서 사랑이 끝난 것이 아니듯 사랑도 조금씩 형태를 달리하며 깊어지는 것 같다. 물론 변해가는 사랑의 형태를 받아들이지 못하는 사람도 종종 있다. 받아들일 수 없다는 것 자체가 세상의 순리를 거스르는 일이라서 고통은 피할 수 없지만.

늘 설렘을 원하는 사람, 쾌락만 좇는 사람, 익숙함을 지루함으로 받아들이는 사람, 그리움을 느끼기 위해 이별하는 사람 등 상담소에서 다양한 사랑의 고민을 만난다. 물론 세상에는 수많은 연인이 있고 각자 저마다의 방식으로 사랑을 한다. 옳고 그름으로 단정 지을 수 없는 것 또한 사랑이라서 그 방식에 양쪽 다 만족한다면 문제가 되지 않는다. 대부분 힘들어하는 쪽이 있기 마련이라 상담소가 붐비는 것이겠지만 말이다.

Therapy

사랑의 삼각형 이론

바람직하다고 할 수는 없지만, 싸움으로 상대의 사랑을 확인하는 사람도 있다. 무료한 일상에서 자신의 존재감을 느끼지 못할 때 일상의 자극을 만드는 방편으로 무리한 요구를 하고, 당황한 상대가 위로 또는 변명을 하는 과정에서 나는 사랑받는 존재임을 확인하는 것이다. 그러다 또다시 무료함이 찾아오면 같은 일을 반복하고 결국 상대방은 이 패턴에 지칠 수밖에 없다.

심리학자 로버트 스턴버그Robert J. Sternberg의 **사랑의 삼각형 이론**에 따르면 사랑은 **친밀감, 열정, 책임** 세 가지 요소로 구성된다.

첫 번째, 친밀감은 서로를 가깝게 느끼며 많은 것을 공유하고 서로에게 심리적 지지자가 되어줄 수 있는 상태를 의미한다. 연애 기간에 비례해서 발전하는 요소이자 연인 사이에서 자연스럽게 발생하는 감정이기도 하다.

두 번째, 열정은 연애 초기에 많이 나타난다. 서로를 향한 뜨겁고 불타는 마음이다. 열정은 연애 기간과 무관하다. 첫눈에 반해 3개월 만에 결혼한 사람도 있듯 강렬한 열정은 불타는 사랑과 동일시되기도 한다. 하지만 시간이 흐름에 따라 강도가 서서히 낮아진다.

세 번째, 책임감은 서로에 대한 약속이자 지속적인 관계를 가능하게 하는 요소이다. 헌신하여 상대방을 배려하는 일, 나의 연인을 타인에게 소개하는 일, 함께 미래를 약속하는 일, 그리고 결혼을 하는 것까지가 이러한 책임의 요소와 연결된다.

스턴버그는 사랑의 삼각형 이론에 따라 사랑의 종류를 다음과 같이 구분한다.

종류	친밀감	열정	책임감
무의미한 관계 non love	X	X	X
좋아하는 관계 liking	O	X	X
도취성 사랑 infatuation	X	O	X
공허한 사랑 empty love	X	X	O
낭만적 사랑 romantic love	O	O	X
허구적 사랑 fatuous love	X	O	O
동반자적 사랑 companionate love	O	X	O
완전한 사랑 consummate love	O	O	O

대부분 완전한 사랑을 지향하지만, 완전한 사랑을 평생 지속하기란 어려운 일이다. 만남 초기에 낭만적 사랑으로 시작해 시간이 지나면서 동반자적 사랑이나 완전한 사랑으로 변해가고, 완전한 사랑의 정점을 찍고 동반자적 사랑으로 이동하는 것이 일반적인 사랑의 순리다. 그러므로 완전한 사랑을 오래 유지하려면 서로 노력을 기울여야 하는 것은 당연한 이치다.

싸움으로 사랑을 확인하는 사람은 사랑의 형태 변화를 받아들이지 못하는 유형이다. 낭만적 사랑에서 열정이 식으면 바로 사랑이 끝날까 두려워하고, 열정의 빈자리를 친밀과 책임감으로 채워서 동반자적 사랑으로 변화하는 단계를 견디지 못한다. 그래서 의도적으로 열정에 불을 지피울 만한 무언가를 찾는 것이다.

　같이 취미 활동을 하거나 달라진 모습을 보여주는 등의 긍정적인 방법도 있겠으나, 종종 사람들은 부정적 자극을 통해 열정에 기름을 붓기도 한다. 하루아침에 이별을 통보하거나 가만히 있는 사람에게 시비를 걸어 갈등을 유발하는 식이다. 어쨌든 상대방은 계속 긴장을 놓치지 않을 테고 다시 열정적으로 서로를 바라볼 수 있을 테니까. 비록 그것이 성숙하지 못한 방식이라 해도 양쪽이 합의만 했다면 문제 되지 않는다. 즉흥적이고 자극적인 방법으로 서로의 사랑을 확인하는 것도 그들만의 방식이기 때문이다. 대부분은 합의되지 않은 자기만의 방식을 강요해서 문제다.

　나는 어떤 사랑을 하고 있는가? 내가 진정 원하는 사랑은 어떤 모습일까? 내 사랑이 나를 더욱 불안러로 만들지는 않는지, 혹은 상대방의 사랑 방식에 일방적으로 맞춰주고 있지 않은지 생각해 봐야 한다. 일방적인 사랑의 방식에 맞추다 보면 자연스레 나의 자존감은 손상된다. 나를 자존러로 머물게 하고 빛나게 해주는 사랑이 무엇일까? 사랑은 받는 것이 아니라 함께하는 것임을 잊지 말자.

사랑의 모습 그려보기

* 스턴버그의 사랑의 종류를 참고해서 생각해 보세요.

나는 어떤 사랑을 원하나요?

내가 하는, 또는 해왔던 사랑은 어떤 형태였나요? 그때 나는 어떤 감정을 자주 느꼈나요?

상대방은 나와의 관계에서 어떤 사랑을 원하나요?

칭찬받은 고래는 불안하다

— Essay —

칭찬과 인정이 필요해

세계 인구가 78억 명인 만큼 78억 개의 인간 유형이 있으리라.
그중 내가 아는 냉혈한과 투덜이의 이야기를 해보려 한다.

먼저 냉혈한의 이야기. 그는 자기 분야에서 바닥부터 탄탄히
초석을 다져 성공적인 커리어를 인정받는 15년 차 직장인이다.
분명 업무적으로 배울 점이 많은 선배임에도 후배들은 그에게 쉽
게 다가가지 못한다. 사포보다 까칠한 꼰대라서 후배들이 아이디
어를 내면 잘난 척하고 무안을 주기 때문이다. "하늘 아래 새로운

게 있겠어? 그거 다 내가 해본 거야" 하는 식이다. 후배들의 고충을 모르는 바는 아니지만, 그들보다 두세 배 더 노력하는 자신에게 후배들도 할 말은 없을 거라고 생각한다.

그러나 회사에서 자기 세상처럼 활개를 치고 다니는 그도 출근 생각만 하면 가슴이 답답하고 불안하다. 내 경력은 그저 시간이 지나면서 쌓인 것일 뿐, 반짝이는 후배들을 보면 곧 내 자리를 빼앗길 것 같은 두려움이 든다. 조직은 냉정한 곳이기에 나의 쓸모를 증명하지 못하는 순간 버려질 것 같아 대체 불가능한 사람이 되려고 늘 애쓴다. 마음 같아서는 후배들을 격려하고 칭찬해주고 싶지만, 스멀스멀 밀려오는 불안감에 자기도 모르게 상대의 실수나 단점을 더 부각하고, 과거의 영광을 은근히 자랑하며 내 자리를 넘보지 말라는 암묵적인 메시지를 던진다.

다음은 투덜이의 이야기. "내가 이런 대접을 받으면서 일할 사람이 아닌데, 진짜 내가 그만두고 만다." 그의 유행어다. 오늘이라도 당장 때려치울 것 같던 그는 10년 동안 성실하게 매일 출근 도장을 찍는다. 그럼에도 그는 매일 똑같은 불만을 달고 산다. 세상이 내 가치를 몰라준다며 분노하고 그런 자기 인생에, 조직에, 세상에 불만투성이다. 이 멍청한 세상에 자신은 참혹한 피해자이자 희생자라는 논리를 펼친다.

사람은 누구나 세상이 자기 가치를 알아주길 바란다. 교류 분석의 창시자인 에릭 번Eric Berne은 "사람은 무관심보다 차라리 부정적 관심이라도 받는 것이 낫다"고 말한다. 아이가 학교에서 선생님의 질문에 손을 들고 "저요! 저요!" 했을 때, 선생님이 그 아이에게 눈길조차 주지 않고 무시하면 아이는 나중에 심한 장난을 치거나 튀는 행동을 함으로써 이목을 끈다. '선생님 저를 봐주세요. 저 여기 있어요'라고 말하고 싶은 것이다. 투덜이도 마찬가지다. 세상에 불만을 쏟아내지만 사실 '나를 인정해 주세요. 나를 알아봐 주세요'라고 호소하는 것이다.

사람은 누구나 자신의 유능을 인정받고 싶어 한다. 인정 욕구는 우리를 고무시키고 성장시키며 행복감을 안겨준다. 나는 나의 인정 욕구를 어떻게 표현하고 있을까. 내 마음의 소리에 귀를 기울이고, 내 행동들을 돌이켜 보자. 혹시라도 어린아이처럼 그 욕구를 삐딱하게 세상을 향해 쏟아내고 있지는 않은가.

자기 불일치

좌절감을 느끼기 위해 살아가는 사람은 없다. 동기 연구의 선구자인 데시와 라이언은 사람은 유능 욕구를 충족시키는 과정에서 만족감을 느낀다고 이야기한다. 누구나 자신이 유능해지고, 그 능력을 인정받기를 원한다. 고마워, 잘했어, 든든해 같은 누군가의 칭찬과 인정은 어려운 일도 척척 해내게 만드는 촉진제로 작용한다. 유능함을 느끼는 순간에는 자부심, 기쁨, 보람 같은 긍정 정서가 자연스레 동반해서 스스로 만족감과 행복감을 느끼게 된다.

　　그러나 종종 유능한 자신을 보면서 두려움이나 불안을 느끼는 사람들도 있다. 전형적인 자기 불일치 상황이다. 자기 불일치Self-incongruence란 자신이 기대하는 모습과 현재의 모습이 불일치할 때 나타나는 부적응 상태를 말한다. 유능감을 경험할 때 긍정 정서가 아닌 불안과 의심이라는 부정 정서를 느끼는 것에 대한 혼란을 의미한다. 자기 불일치 상황에 대한 방어 기제로 다른 사람의 기여를 인정하지 않고, 타인의 능력을 두려워하게 된다. 타인의 성과를 자신을 향한 위협처럼 받아들이는 것이다.

　　종종 자존감의 결핍을 채우기 위해 성공에 대한 남다른 의지와 열정으로 목표를 이루는 사람들이 있다. 이때 중요한 것은 내가 이룬 것들에 관해 나는 어떤 감정을 느끼는가이다. 그 감정이 뿌듯함, 만족감, 행복이라면 더할 나위 없겠으나 불안, 걱정, 초조, 우월감 같은 것들이라면 진정한 유능감에 대해 다시 생각해 볼 필요가 있다. 행복하지 않은 유능감은 오래가기 힘들기 때문이다.

인정 욕구 점검하기

사회생활을 하면서 내가 정말 듣고 싶은 말은 무엇인가요?

사회생활을 하면서 나는 인정 욕구를 어떤 식으로 표현하거나 채우고 있나요?

사회생활을 하면서 내가 자주 경험하는 감정과 그 이유는 무엇인가요?

14일
-
모두에게 좋은 사람이 될 수 없다

———————— Essay ————————

내 발등은 내가 찍는다

"어머니가 형한테 결혼하고 6개월 정도 같이 살다가 분가하면 좋겠다고 했더니 형이 요새 그런 사람이 어디 있냐는 거야. 그래서 어머니가 속상한가 봐. 우리가 결혼하면 어머니와 함께 사는 건 어때?" 지금은 남편이 된, 남자친구가 결혼 전에 했던 말이다.

"그래. 그게 뭐 어려운 일이라고. 알았어!" 시부모님의 마음을 상하게 할 수 없다는 생각으로 고민 없이 저지른 합가는 그로부터 6년 동안 계속됐다. 내 발등 내가 찍는다고, 발등이 남아나지를 않았다. 어찌 보면 어머님이 나를 모시고 살았다고 해도 무방한 날들이었지만, 신혼의 달콤함은 꿈꿀 수 없었다. 철없던 주부 생활과 육아 전쟁 속에서 어머니와 끈끈한 전우애가 생겼으니 6년의 가치는 충분하지만, 나는 요즘도 그때 누리지 못한 신혼의 로망을 꿈꾸곤 한다.

다른 사람의 부탁을 거절하는 게 참 어렵다. 어떤 일을 부탁받으면 경제적인 효용성이나 나의 능력, 시간, 에너지를 고려하지 않고 무턱대고 승낙하는 경우가 많다. 똑 부러지게 생겨서 왜 그러냐는 애정 어린 핀잔을 듣기도 하지만, 내가 거절하면 상대가 속상할까 봐, 아니 더 정확히 말하면 거절하는 내 마음이 더 불편해서 그렇다. 그러고는 부탁받은 일을 하느라 정작 중요한 내 일은 뒷전으로 미뤄뒀던 적이 한두 번이 아니다.

모두에게 좋은 사람이 되고 싶었다. 그래서 앞에서는 예스맨으로 살다가 뒤돌아서서 조용히 내 발등을 찍곤 했다. 일종의 착한 아이 콤플렉스인데, 버리려 해도 잘 버려지지 않고 내면 깊이 뿌리박힌 강한 신념이다.

그 누구도 나에게 착한 아이로 살아가라 강요하지 않았다. 게다가 상대는 나의 희생과 이타적인 선택을 잘 알지도 못한다. 누구도 강요하지 않은 것을 내 마음 편하자고 혼자 해놓고 알아주지 않는다고 서운해하니, 얼마나 한심한 노릇인지 모르겠다.

착한 아이 콤플렉스

정신분석학에서는 마음속에 강하게 자리 잡은 신념이나 생각을 **콤플렉스**Complex라고 부른다. 누구에게나 크고 작은 콤플렉스가 하나쯤은 있다. 콤플렉스는 세상을 보는 눈에 씌운 필터 같아서 상황을 객관적으로 받아들이기 어렵게 만든다.

요즘에는 콤플렉스라는 말이 흔해지면서 갖가지 이름을 단 콤플렉스가 생겨났다. 신데렐라 콤플렉스, 롤리타 콤플렉스, 오이디푸스 콤플렉스… 최근에 들은 것 중 평강공주 콤플렉스가 가장 기억에 남는다. 자기보다 부족한 남성을 사랑하면서 그를 성공하게 도움으로써 성취감을 느낀다나.

분석심리학의 창시자인 칼 융Carl Gustav Jung은 자신이 지향하는 자아와 상충하는 무의식 속의 욕구가 콤플렉스에 영향을 미친다고 말한다. 어릴 때부터 착하고 예의 바른 아이가 되어야 한다는 생각을 가지면 커서도 좋은 사람이 되기 위해 제멋대로 하고 싶은 내면의 욕구를 억압하는 게 착한 아이 콤플렉스다.

지향하는 자아와 내면의 욕구가 상충하지 않아서 불편함을 못 느낀다면 콤플렉스가 아니라, 그냥 착한 사람일 것이다. 사람의 마음은 참 복잡하다. 그래서 '복잡하다'는 뜻의 Complex가 심리학적 용어로 쓰였겠지만 말이다.

콤플렉스를 극복하려면 무의식 속에 억압된 욕구를 마주해야 한다. 모든 사람에게 사랑받고 인정받고 싶었던 나의 욕구가 결국 착한 아이 콤플렉스를 만들어낸 것처럼, 자기의 욕구를 제대로 들여다봐야 한다. '내가 배려하면 저 사람이 나를 좋게 봐주겠지. 내가 웃어넘기면 저 사람이 내 곁에 오래 있겠지'라고 생각하는 건 나의 가치 결정권을 상대방에게 떠넘기다 못해 기꺼이 안겨주는 꼴이다.

내 행동의 기준이 내가 아닌 타인에게 놓인 순간 내 자존감은 손상될 수밖에 없다. 내가 나의 주인이 되고, 나를 믿고 의지한다면 콤플렉스에서 벗어나 자존러가 될 수 있다. 그러기 위해서는 먼저 사랑받고 싶었구나, 인정받고 싶었구나, 사랑받지 못할까봐 두려웠구나 하며 스스로를 다독이고, 무의식 속의 나를 안아줘야 한다.

착한 아이 콤플렉스를 없애기 위한 나의 노력은 계속되고 있다. 미움받을 용기가 필요하다. 죄송하지만 이번은 좀 곤란합니다, 제가 하기에는 조금 어려울 것 같습니다, 사실 저는 그것을 좋아하지 않습니다, 그 의견에 저는 반대합니다 같은 거절의 말들을 수없이 혼자서 연습했다. 정작 현실에서는 세 번 중에 겨우 한 번 입을 떼더라도, 나는 전보다 많은 경우에서 나를 보호할 수 있게 되었다. 나의 희생을 몰라준다고 서운해하는 일도 줄었다. 그리고 어느새 내 발등에도 조금씩 새살이 돋아나고 있다.

콤플렉스 인정하기

나는 어떤 콤플렉스를 가지고 있나요?

그 콤플렉스는 어떤 욕구 때문에 생겨났나요?

콤플렉스를 극복하려면 어떤 노력이 필요할까요?

여유는 주머니에서 나온다

---------------------- (Essay) ----------------------

돈으로 채우는 자존감

마음과 자존감에 관해 끊임없이 고민하고 상담해 주는 나도 어쩔 수 없이 불안러의 상태를 경험할 때가 있다. 특히 일을 쉬고 있을 때 그 고민이 커졌다. 경제 활동을 할 때의 당당함은 집에서 육아에 전념한 몇 달 만에 사라지고 말았다. 아무도 뭐라고 하는 사람이 없는데도 혼자 주눅 들었다.

  돈이 자존감의 전부는 아니지만, 영향을 끼치는 것만은 확실하다. 돈으로 할 수 있는 무언가가 어깨에 힘을 넣어주고, 기분을 좋게 한다는 사실은 부정할 수 없다.

사회 초년생 시절, 오랜만에 열린 초등학교 동창 모임에서의 일이다.

"너도 켈리 하나 사. 직장 다니면서 그거 하나는 있어야지."

"켈리가 뭐야?"

"대박. 켈리를 몰라? 백이잖아 백."

"아~ 그 켈리. 난 또 뭔가 했네. 나중에 하나 사지 뭐."

사실 켈리가 뭔지 몰랐다. 태어나서 켈리라는 말도 처음 들어봤다. 괜히 창피해서 아는 것처럼 얼버무렸는데, 집에 와서 검색해 보니 친구가 옆자리에 정성스럽게 올려뒀던 가방이었다. 그것도 아주 비싼 고급 명품 가방. 바로 옆에 있는데도 못 알아보고 괜히 아는 척했다는 사실에 더 창피해졌다. 어떻게 이것도 모르냐는 듯한 친구의 눈빛이 한동안 나를 괴롭혔다.

그날 이후 나도 명품 가방을 하나 들고 다니고 싶다는 욕구가 샘솟았다. 사치스러워 보이지 않되 유행은 덜 타는 명품 가방 하나면 두고두고 모임이나 행사에 들고 다니며 뽐낼 수 있을 것 같았다.

하지만 사회 초년생에게 월급 이상의 가방을 사는 것은 무리였기에 그럴싸한 짝퉁 가방을 하나 샀다. 아무도 눈치채지 못할 만큼 진짜 같은 짝퉁 가방을 동대문에서 산 날, 나는 집에 가는 길 내내 신이 나서 누구라도 아는 사람을 만나고 싶었다. 친구 앞에서 한껏 구긴 자존심이 단번에 쫙 펴진 기분이었다. 쇼윈도에 비친 내 모습이 얼마나 멋져 보였는지 모른다.

　다음 날 퇴근길, (가짜) 명품 가방을 메고 당당히 어깨를 펴고 걷는데 갑자기 비가 억수같이 쏟아졌다. 우산이나 머리에 뒤집어 쓸 만한 게 없는 무방비 상태였다. 나는 젖어도 가방은 젖으면 안 된다는 일념으로 가방을 품에 안고 뛰는데 갑자기 팔에서 뻘건 물이 뚝뚝 떨어졌다. 피가 나는 줄 알고 소스라치게 놀라 팔을 보니 팔에 걸친 가방 손잡이가 원흉이었다. 조금 더 비를 맞으니 손잡이 부분의 비닐이 뱀허물처럼 벗겨지고 있었다. 그렇게 명품을 향한 나의 열정은 하루 만에 빗물과 함께 녹아버렸고, 돈으로 채우려 했던 나의 자존감도 이틀을 넘기지 못하고 끝나버렸다.

　만약 그때 몇 달 치 월급을 쏟아부어 값비싼 진짜 명품을 샀다면 자존감의 유효기간은 늘어났을까? 이제는 명품 가방 하나 정도는 살 수 있는 능력이 되지만, 굳이 사고 싶다는 생각이 들지 않는다. 돈으로 채울 수 있는 자존감은 언제든 물거품처럼 사라지기 마련이니까.

돈과 행복 사이의 균형

한국인의 열정과 성실함은 국가의 초고속 성장의 토대가 되었지만 물질주의와 경쟁 사회를 한껏 부추겼다. 사람들은 열정과 성실함을 돈으로 보상받고, 그 액수를 자신의 가치와 동일시한다. 그사이 미처 돌보지 못한 자존감과 외로움도 돈으로 보상받으려는 마음이 생겨난다.

돈과 자존감은 어떤 관련이 있을까? 불안러는 본능적으로 불안을 해소하기 위한 행동들을 하는데 그중 하나가 물질적 가치에 관심이 높아진다는 것이다. 불안정한 자신의 마음을 돈이 주는 안정감으로 채우기 때문에 불안러가 그리는 '이상적인 나'에게는 돈이 필수다. 내가 부유하면 내 곁에 사람들이 더 많을 텐데, 내가 돈이 많으면 원하는 모든 것을 가질 수 있을 텐데, 내 주머니에 여유가 있으면 내 마음에도 여유가 있을 텐데… 하며 돈에 관한 자신의 신념이 옳다고 믿으면서 불안을 돈에 의탁한다. 그때부터 돈이 삶의 목적이 된다.

현대인에게 돈은 삶을 영위하는 데 현실적으로 매우 중요한 수단이다. 그러나 내가 돈과 어떠한 관계를 맺고 살아가는지 생각해 봐야 한다. 돈에 관심을 가지지 않거나 무소유로 살아가는 삶이 진정한 행복이라는 뜻이 아니다. 돈과 건강한 관계를 맺으며 돈과 행복 사이의 균형을 찾는 것이 필요하다.

나는 돈과 어떤 관계를 맺고 있을까. 돈에 얽힌 나의 첫 기억은 무엇이고 내가 돈으로 이루고자 하는 것은 무엇일까? 돈을 내 마음대로 찍어낼 수 없는 이상, 한걸음 물러서서 생각해 봐야 한다.

먼저 궁극적으로 내가 추구하는 삶의 목적에 대해서 생각해 보자. 그다음으로 돈이라는 수단을 어떻게 더욱 효과적으로 이용해 목적지에 다다를지 고민해야 한다.

돈의 의미 재설정하기

돈에 관한 나의 감정과 생각은 무엇인가요?

돈에 얽힌 나의 첫 기억과 그것이 나에게 미친 영향은 무엇인가요?

내 삶의 목적은 무엇인가요? 돈이라는 수단은 그 목적에 어떤 도움이 될까요?

3주. 의식하기

/

"마음에도 가져갈 것과 버릴 것이 있다. 혹시나 하는 마음에 예쁜 쓰레기를 버리지 않고 쌓아두거나 감추려 할수록 그것은 오히려 치부가 되고 약점이 된다. 우리에게는 미니멀 마인드가 필요하다."

내 마음 한정 빌런이 되다

Essay

마음에는 민폐가 없다

요즘에는 청첩장을 돌리는 것이 '민폐'라는 말이 많다. 코로나19 사태로 인해 여럿이 모이는 장소를 다들 꺼리기 때문이다. 민폐는 민간에게 끼치는 폐해라는 뜻으로 이기적인 행동을 저질러서 타인에게 손해를 끼치는 행위를 할 때 주로 쓰인다.

비슷한 맥락에서 '빌런Villain'이라는 말이 요즘 유행이다. 영국의 빌라Villa에서 열악한 환경과 곤궁한 삶, 그리고 차별에 고통받다가 귀족을 상대로 생계형 약탈이나 폭력을 행사하는 농민들을 부정적으로 일컫는 말이다. 최근에는 게임이나 만화 등에서 악당을 두고 빌런이라고 부르기도 한다.

다른 사람을 신경 쓰지 않고 자신이 좋아하는 분야에 흠뻑 빠져 있는 괴짜 같은 사람을 비유하는 말로도 쓴다. 커피를 좋아하는 사람을 커피 빌런, 거울 보는 것을 좋아하는 사람을 거울 빌런, 헬스 중독인 사람에게 헬스 빌런이라고 부른다.

그렇다면 '마음 빌런'은 어떨까? 내 마음에 충실한 마음 빌런. 다른 사람에게 피해를 주거나 이기적인 행동을 하는 빌런이 되어서는 안 되겠지만, 괴짜 같더라도 다른 사람의 눈치 보지 않고 내 마음에 충실한 마음 빌런은 괜찮지 않을까?

영화 속 히어로에 맞서는 슈퍼 빌런도 사실 알고 보면 마음의 상처를 입은 여린 존재가 아닌가. 일찍이 자신의 마음을 잘 돌보았다면 지금처럼 악당이 되지 않았을 수도 있다. 마음에는 민폐가 없다. 내 마음 한정 빌런이 되어보자.

눈치 문화

'눈치'는 한국에만 있는 단어다. 그만큼 다른 문화권에 비해 타인의 시선을 신경 쓰고 의식한다는 뜻인데, 우리는 다른 사람의 눈치를 보는 만큼 다른 사람에게도 눈치를 주기도 한다. 눈치 문화의 기준에서 벗어난 사람들의 행동을 민폐로 취급하면서 맘충, 개저씨, 김 여사 같은 혐오 표현을 서슴지 않는 이유도 이 때문이다.

반대로 주변을 지나치게 의식하는 탓에 자신의 감정이나 생각을 억압하고 다른 사람의 기준을 무조건 따르는 경우도 있다. 이처럼 타인과의 상호작용에서 두려움을 느끼거나 회피하는 장애를 사회불안장애Social Anxiety Disorder라고 한다. 흥미로운 사실은 다른 사람을 대하는 데 불안함을 느끼는 대인 공포는 한국과 일본에서만 보이는 독특한 사회불안장애의 종류라고 한다. 한국에서만 통용되는 일종의 분노 증후군인 '화병'도 마찬가지다. 자신의 감정을 억압하고 표출하지 못하는 문화 양상과 관련이 깊다. 이처럼 문화적 특성과 심리적인 특성은 매우 밀접한 관계라고 볼 수 있다.

자유를 꿈꾸지만 민폐를 끼칠까 두려워하는 사람들. 눈치를 많이 보는 만큼 눈치를 많이 주기도 하는 민족. 체면과 명분이 중요한 사회. 꼰대 같은 내가 고민이 아니라 다른 사람이 나를 꼰대로 볼까 고민하는 사람들. 모두 눈치 문화가 만들어낸 산물이다.

이런 상황 속에서 불안러들은 더욱 불안해질 수밖에 없다. 좋지 않은 평가를 들을까 봐, 비난의 대상이 될까 봐 무조건 다른 사람의 기준에 맞추려고 한다. 남들에게 나의 불안한 자존감을 들켜서도 안 된다고 생각한다. 그래서 더 눈치를 보고 타인을 의식하게 되는 악순환의 연속이다.

의식하기의 핵심은 남이 아닌 '나'이다. 관점을 바꿔 나의 삶과 그 안의 감정, 생각, 욕구 등을 들여다보고 선순환을 일으켜야 한다. 자, 지금부터 마음 빌런이 되기 위한 준비를 시작해 보자.

마음 빌런 준비하기

나는 일상에서 다른 사람을 얼마나 의식하나요? 왜 그렇게 생각하나요?

혹시 다른 사람의 시선이 두려워 내 마음에 솔직하지 못했던 적이 있나요?
어떤 상황이었나요?

'마음 빌런'이 된다면 가장 먼저 하고 싶은 말이나 행동은 무엇인가요?

내 마음에 이름을 지어주다

─────────── Essay ───────────

마음이 요동칠 때

동네를 두 바퀴쯤 돌고 나서야 적절한 안식처를 찾았다. 오래 앉아 있어도 누구도 이상하게 보지 않고, 혼자 멍하니 생각에 잠겨도 전혀 사연 있어 보이지 않는 가장 편안한 공간. 마음은 답답한데 딱히 털어놓을 곳도, 갈 데도 떠오르지 않을 때면 버스정류장에 나와 한참을 앉아 있는다.

　가끔은 확 아무 버스나 타고 떠나버릴까 생각하다가도 곧 현실과 타협하고 만다. 딱 한 번 비가 조금씩 내리던 날, 오는 버스를 아무거나 두 번이나 갈아타고 꽤 멀리 갔었다. 비 오는 창밖을 보며 실컷 슬퍼하고 나니 감정이 좀 해소되었다. 정신을 차려보니 평택 어딘가에 도착해 있어 다시 돌아오는 길에는 웃음이 나왔다. 영화 속 비련의 여주인공도 버스 타고 집으로 다시 돌아와야 하는 게 현실이니까.

내가 마음에 관해 공부한다고, 자존러가 되기 위해 수많은 노력을 해왔다고 해서 180도 달라졌을까? 나는 요즘도 종종 버스정류장에 간다. 마음이 요동칠 때가 있다. 사람들과 함께 있어도 외로움에 잠식될 때, 사람들의 이야기가 모두 배부른 고민처럼 들리고 내 마음을 알아주는 사람 하나 없이 세상에 혼자 있는 기분이 들 때, 일순간 불안러가 된다.

이럴 때면 '그 사람은 나에게 왜 그럴까?'에서 시작된 물음은 이내 '그래 나도 내가 마음에 안 드니까'라는 자조적인 결론으로 이어지고 만다. 결국 내가 나를 가장 하찮고, 외롭고, 별로인 사람으로 만들어버린다.

───────────(Therapy)───────────

심리적 항상성

사람은 생존을 위해 몸을 안정적인 상태로 유지하려고 하는 항상성Homeostasis을 가지고 있다. 더우면 땀이 나고 추우면 혈관이 수축해 오한이 드는 것도 적정 체온을 유지하려는 우리 몸의 항상성 때문이다.

마음도 마찬가지다. 사람은 심리적으로 자신이 안정적이고 편안하게 느끼는 상태를 유지하고자 한다. 변화가 생기면 스트레스를 받고, 불안하고 긴장돼서 심리적 안정감이 필요하다고 신호를 보낸다.

그러나 안정감을 주는 상태가 늘 긍정적인 상태를 의미하는 것은 아니다. 변화를 원한다고 말하지만 아무것도 하지 않는 사람들이 있다. 갑자기 무언가 바쁘게 움직이거나 새롭게 도전하는 상황에서 오히려 불안과 두려움을 느끼기 때문에 굳이 새로운 일을 벌이지 않고 지금의 편안함을 누리는 것이다. 이들은 "저도 무언가 열심히 하고 싶은데 잘 안 돼요"라는 말을 입버릇처럼 달고 살면서 자꾸만 심리적 안정감을 주는 상태로 돌아가 버린다.

기다리던 소개팅 당일이 되면 막상 나가기가 싫어지는 것도 마찬가지다. 마음의 안정이 깨지고 설렘을 넘어선 긴장감이 나를 감싸면 문득 '나가지 말까? 아 너무 떨리는데'라는 생각이 든다. 심리적으로 안정적인 상태를 유지하고 싶기 때문이다.

삶은 항상성을 이겨내는 연속이다. 새로운 사람을 만나고, 새로운 일에 도전하고, 변화를 시도하는 것은 또 다른 항상성의 체계를 만들어가는 출발이다.

그 여정에서 우리는 노력과 상관없이 설정값으로 돌아가려는 자신을 만나게 될 것이다. 가장 익숙하고 안정감을 주는 설정값으로 돌아가는 것이 항상성의 목표니까. 그럴 때마다 불안러가 등장해서 '노력해도 소용없어, 나는 원래 이런 애니까' 하면서 무기력하게 만든다.

설정값을 바꾸려면 어떻게 해야 할까? 인지심리학에서는 나의 인지 과정을 제삼자의 자세로 객관화해서 보는 것을 메타인지 Metacognition라고 한다. **설정값으로 돌아가려는 나의 상태에 이름을 붙여보자.** 감정이 요동치고 부정적인 사고가 확장되는 순간 스스로에게 신호를 보내는 것이다.

'기복이'는 나에게 붙인 별명이다. 감정의 기복이 커지면서 삐딱해지려고 할 때마다 기복이를 생각한다. '기복이가 왔어. 지금의 감정과 생각은 왜곡되어 있을 가능성이 커. 마음껏 우울해해. 곧 지나갈 테니까'라고 속으로 되뇐다.

그리고 **나의 상태에 점수를 매긴다.** 현재 나의 우울감을 숫자로 나타낸다면 0부터 10에서 몇 점을 줄 수 있는지 또는 지금 나의 기분 상태는 -5부터 +5에서 몇 점일지 계산한다. '현재 나의 우울감 점수는 6점. 이전에 9점까지 갔을 때보다는 괜찮은 것 같은데? 그때와 지금의 상황은 어떻게 다르지?', '오늘 나의 기분은 3점. 비슷한 일상인데 요즘 평균 점수가 낮아진 이유가 뭘까?' 이런 식으로 내 마음의 상태가 얼마나 힘든지, 전보다 좋아졌는지, 또는 심각한 상태인지를 수치화하는 것이다.

마음은 눈에 보이지 않기에 상태를 쉽게 알아차릴 수 없다. 마음 상태를 수치화하는 것은 나에 대한 질문으로 이어져서 현재를 개선해 나가는 데 도움이 된다. 다시 말해 나의 설정값을 바꾸는 데 매우 중요한 단서가 된다.

마음의 이름 지어주기

불안러 상태인 나에게 별명을 지어주세요. 그 의미는 무엇인가요?

최근 (별명)을 만난 적이 있나요? 어떤 순간이었나요? 그때 나의 자존감 상태는 0점부터 10점 중에 몇 점이었나요?

다시 그 순간으로 돌아가 나에게 해주고 싶은 이야기를 적어보세요.

기억은 선택당한다

---- Essay ----

내 인생의 첫 장면

여섯 살 때였나. 5평 남짓한 가게에 딸린 단칸방에 살았다. 그 좁은 방에 부모님과 언니, 남동생, 나 다섯 명이 북적였다. 나는 옆집에 사는 탁이 오빠와 노는 걸 좋아했다. 나보다 한 살 많던 탁이 오빠는 참 멋지고 착했어서 어른들이 "보영이는 커서 뭐 하고 싶어?"라고 물으면 나는 "탁이 오빠한테 시집갈래요!"라고 말하곤 했다.

그 날도 탁이 오빠와 놀다가 늦은 밤이 되어서야 집으로 돌아갔는데 가게 문이 잠겨 있었다. 문을 한참 두드린 끝에 아빠가 가게 문을 열고 나왔는데, 그때 아빠가 한 말이 아직도 잊히지 않는다. "너 왜 여기 있어? 집에 없었어?" 그 좁은 집에 내가 없는지도 몰랐다니. 너무 서운하고 속상해서 한참을 서럽게 울었던 기억이 난다.

이게 어린 시절 나의 첫 기억이다. 어쩌면 누군가에게 들었거나 내가 만들어낸 기억일 수도 있다. 가족들에게 그 일을 물어보면 기억하는 사람이 아무도 없다. 오히려 그런 일이 있었냐며 내게 되묻는다.

언니의 첫 기억은 네 살 때 엄마가 과자를 만들어주겠다면서 밀가루 반죽 위에 병뚜껑으로 모양을 찍었던 장면이라고 한다. "그때가 내가 생각하는 가장 행복했던 순간이었어. 엄마는 오롯이 나만의 차지였거든. 그 후론 집안 형편도 안 좋아지고 동생도 줄줄이 태어나니 엄마의 사랑을 모두 나눠 가져야 했지. 그래도 그때 나를 바라보던 엄마의 따뜻한 표정은 아직도 기억나." 사람의 기억이 아무리 단편적이라지만 나와 상반되는 언니의 이야기에 괜히 억울한 마음은 감출 수가 없었다.

생활 양식과 초기 기억

아들러에 의하면 생활 양식Life Style은 삶의 기본 전제와 가정이다. 사람은 생활 양식에 따라 생각하고 느끼고 행동한다. 삶의 난관을 헤쳐가고 목표를 좇아가는 행동을 결정하는 원인인 것이다. '나는 ~한 존재다', '세상은 나에게 ~하다' 같은 공식을 세워 자기 행동을 합리화하는 근거로 삼기도 한다. 간혹 범죄자들이 "나는 쓸모없는 존재다", "세상은 나를 버렸다"라고 말하며 잘못을 합리화하는 경우가 있다. 그것이 그가 가진 생활 양식이다.

다만 이 생활 양식을 명확하게 인지하기가 쉽지 않아서 아들러는 초기 기억의 회상을 이용했다. 초기 기억은 어린 시절에 대한 최초의 기억이다. 이때 기억은 사실 위주의 경험이 아닌 주관적인 관점이다. 아들러는 개인의 생활 양식에 따라 첫 기억을 '선택'한다고 설명한다. 선택한 사건을 편집하고 왜곡해서 기억하는 것이다. 따라서 기억의 내용보다 '왜' 그 장면이 첫 기억이 됐는지가 중요하다.

초기 기억은 자서전에 들어가는 서론이다. 언니와 남동생 사이에 낀 나는 늘 관심과 사랑이 고팠기에 그 순간을 선택해 '나는 충분히 사랑받지 못한 존재'라는 생활 양식을 완성했고, 나의 첫 기억을 재구성한 것이다. 이 기억은 나의 열등감을 오랫동안 지지

해 주고 합리화의 방편이 되어줬다. 자존감에도 영향을 끼쳐 불안
러 상태가 되면 그때의 기억이 더욱 선명해진다. 첫 기억을 선택
한 순간부터 언니와 나의 자존감, 사고방식이 달라진 걸지도 모른
다. 언니는 늘 "남이 내 인생을 살아주지 않잖아. 나는 내가 제일
소중해"라며 세상의 잣대를 거부하는 사람이었다. 언니의 첫 기억
이 언니와 참 잘 어울린다고 느껴지는 건 우연의 일치일까?

나의 첫 기억을 이해했다면 이제 그 기억에서 한걸음 나아갈
시간이다. 오늘은 내일의 나에게는 어제의 기억이 될 테니까 우리
는 새로운 기억을 쌓아가면 그만이다.

기억의 의미 생각하기

내 인생의 첫 기억은 무엇인가요? 최대한 생생하게 떠올려 보세요. 그리고 내 첫 기억에 제목을 붙인다면 뭐라고 붙일 수 있을까요?

그 기억이 나의 삶에 미친 영향은 무엇일까요? 그와 관련된 나의 생활 양식은 어떤 것인가요?

나는 _____ 존재다.

세상은 _____ 하다.

그 기억은 현재 나의 자존감과 어떤 연관성이 있을까요?

감정을 정확하게 표현하다

--- Essay ---

사실 괜찮지 않았다

아주 오랜만에 전 직장의 상사를 만났다. 사회에서 만났지만 오랜 시간을 함께한 친구 같은 언니였다. 작은 오해들로 한동안 멀어졌지만 몇 년 만에 받은 얼굴 한번 보자는 연락에 내심 설레고 기뻤다. 오늘은 꼭 내가 당신을 많이 좋아했고, 고마웠다고 용기내 말하려 했다.

　"나는 너를 다 용서했다." 언니는 나를 보자마자 이런 말을 던졌다. 내가 회사를 그만둔다고 했을 때 배신감을 느꼈지만 이제는 나를 용서했다고 한다. 용서? 우리가 가졌던 오해들이, 미숙했던 서로의 소통 방식이 누가 누구에게 용서를 받을 일이라고는 생각하지 않았다. 그런데 나는 바보같이 제대로 말 한마디 못 하고 허허 웃으며 넘어갔다.

집으로 돌아와서도 늦은 밤까지 체한 것처럼 가슴이 답답했다. 무작정 집을 나와 걸었다. 동네 입구에 있던 도미노피자 간판이 슬프게 보였던 건 아마 내 기분 탓이었겠지. 괜찮은 척했지만 전혀 괜찮지 않았다. 슬픔과 서운함이 뒤엉켜 목구멍까지 차올랐다. 그것은 내 감정의 아주 일부에 불과했을 뿐 사실 나는 화나고 수치스러웠다. 그녀가 아니라 나에게 말이다. 내가 그녀를 만나기 전에 가진 진심들이 부끄러웠다. 억울하다고 제대로 말하지 못하고 돌아온 나에게 화가 났다.

엉킨 실타래를 풀 듯 켜켜이 쌓인 감정을 차분하게 한 올씩 풀어나가니 내 감정의 민낯을 보게 되었다. 혼자 설레었다가 실망하고 또 상처까지 받아 분노와 수치심을 느낀 것이다. 분노와 수치심을 느끼는 내가 미숙하고 부족한 사람 같았다. 감정을 풀어헤치고 나니 남은 건 바보 같은 나 자신이었다.

감정의 세 가지 종류

감정에는 세 가지 종류가 있다. **표면의 감정, 내면의 감정, 그리고 감정에 대한 감정**이다. 우리는 때때로 자신도 인정하고 싶지 않은 감정을 감추거나 축소하고 미화한다. '질투'를 '걱정'으로 포장하고, '불안'을 '분노'로 드러내는 것이다.

　　표면의 감정과 내면의 감정이 일치하는지 들여다보자. 만약 일치하지 않는다면 내 감정에 대한 감정을 들여다볼 필요가 있다. 내가 느꼈던 서운함은 표면의 감정, 그 안에 숨겨진 수치심은 내면의 감정, 이러한 내 감정에 대해 한심함과 부끄러움을 느낀 것은 감정에 대한 감정이었다. 세 종류의 감정이 모두 일치한다면 고민할 필요가 없다. 문제는 감정의 소용돌이는 잊을 만하면 찾아온다는 것이다.

　　자신의 감정에 대해 알아차리고 정확히 표현하는 연습이 필요하다. 모 대학 교수가 수업 시간에 학생들에게 '짜증 나다'라는 말을 금기어로 정했다고 한다. '짜증 나다'는 포괄적이고 복합적인 단어라 감정을 제대로 인식하는 것을 방해한다는 이유에서였다. 대신 서운하다, 속상하다, 화나다, 슬프다 등으로 다양하게 표현할 수 있는데, 이렇게 감정을 구분하는 연습은 나의 감정을 제대로 알아차리고 대처하는 데 도움이 된다.

비슷한 예로 사람들은 '행복'을 감정 단어로 아는 경우가 많은데 엄밀히 말하면 '행복'은 상태 단어다. '행복한 상태'라는 의미다. 누군가는 평온함 속에서 행복을 느끼고, 누군가는 설렘에서 행복을 느끼는 것처럼 행복한 상태를 만드는 감정 상태는 사람마다 다르다.

간혹 사람들은 자신의 감정을 인정하고 싶지 않거나 숨기고 싶을 때 타인의 감정을 전하듯 이야기한다. "그때는 제가 많이 당황했던 것 같아요", "아마 짜증이 좀 났었나 봐요", "나도 모르게 화를 냈던 것 같아요"처럼 추측하는 어투로 부정적인 감정을 회피하면서 안도감을 느끼는 것이다.

하지만 이렇게 감정을 숨기면 내 생각과 행동의 기반조차 알 수 없게 된다. 충동적인 감정의 표출이 아닌 감정을 잘 알고 현명하게 대처해 나가기 위해서는 자신의 감정에 차분히 주목할 필요가 있다. 당신은 지금 어떤 감정을 느끼고 있나요? 그것은 당신의 진짜 감정이 맞나요?

감정을 글로 표현하기

지난 주말에 어떤 일이 있었나요? 그때의 감정을 글로 표현해 보고, 그것이
진짜 나의 감정인지 생각해 보세요.

최근 인정하고 싶지 않거나 감추고 싶은 감정을 경험한 적이 있나요? 어떤
상황의 어떤 감정이었나요?

그 감정을 왜 감추고 싶나요? 감정에 대한 감정을 생각해 보세요.

섣부른 추측이 사람 잡는다

내가 쏘는 두 번째 화살

불교 경전에 이런 말이 있다. '두 번째 화살을 맞지 마라.' 한 사람이 길을 가다가 다리에 화살을 맞았다. 첫 번째 화살이다. 너무 아프고 고통스러운 나머지 스스로 두 번째 화살을 쏜다. '이러다 다리를 잘라내야 하면 어쩌지? 그러면 일을 어떻게 하고, 내 가족들은 어쩌지? 내가 계속 살아갈 수나 있을까?' 바로 걱정과 불안이라는 화살이다. 스스로 쏜 두 번째 화살 때문에 걱정의 굴레에 빠지게 된다.

첫 번째 화살이 현재 겪고 있는 현실적인 문제라면, 두 번째 화살은 그 문제에 대한 자기의 부정적인 생각이다. 삶은 첫 번째 화살의 연속이다. 재능, 월급, 인간관계, 연애 등이 이에 해당한다. 이때 문제를 해결하지 않고 문제에 근심 걱정을 덧입히면서 두 번째 화살을 쏘는 경우가 있다.

> 내담자 : 남자친구는 더 이상 저를 사랑하지 않아요.
>
> 상담사 : 왜 그렇게 생각했나요?
>
> 내담자 : 우리는 서로를 믿고 개인의 생활을 존중했어요. 그런데 연락도 자꾸 뜸해지고 다른 사람과의 약속도 잦아져서 제가 어디에서 누구와 있었느냐고 다그쳤어요. 그랬더니 남자친구가 "쿨한 줄 알았더니…"라고 하더라고요.
>
> 상담사 : 정말 속상하셨겠어요. 그 말을 듣고 더 이상 나를 사랑하지 않는다고 생각하게 된 건가요?
>
> 내담자 : 저와의 만남을 후회하는 것처럼 느껴졌어요. 마치 제가 너그럽고 쿨한 줄 알았는데 아니라서 싫다고 이야기하는 것 같았어요. 사랑이 식었나 봐요. 저도 이렇게 서로를 믿지 못한다면 헤어지는 게 좋다고 생각해서 그만 헤어지려고요.

그녀의 상황을 정리해 보자. 그녀는 남자친구와 서로 좋지 않은 이야기를 주고받았다. 그의 한마디가 첫 번째 화살이 되었다. 그가 그녀에게 했던 말은 사실이고, 이 사실은 바꿀 수가 없다. 그녀는 여기에서 그치지 않고 곧 스스로 두 번째 화살을 쏘았다. 남자친구는 이 연애를 후회하고 있으며 자신에게 실망해서 사랑이 식었으며 우리는 헤어지게 될 것이라는 생각이다. 그 생각은 이 상황을 더욱 억울하고 슬프게 만들었다. 눈덩이처럼 불어난 근심에 그녀는 이미 헤어진 거나 다름없었다. 그날 상담을 마치면서 혼자 생각을 키우지 말고 다음 상담까지 이 일에 대해 남자친구와 솔직하게 대화해 보라고 조언했다.

며칠 뒤 그녀는 웃으면서 그간의 일을 전해주었다. "남자친구는 그 상황이 명확히 기억나지 않는다며 사과했어요. 제가 다 그치듯 말해서 자기도 모르게 한 말 같다고 하더군요. 직장이 불안정해 새로운 것을 배우러 다니고 있는데 차마 저에게 이 나이에 새로운 일을 시작하기 위해 준비하고 있다고 말하기가 어려웠대요. 싸울 때 서로의 표현 방식에 대해서 많은 이야기를 했어요."

이처럼 스스로 두 번째 화살을 쏘는 순간, 해결할 수 없는 자신의 문제점을 찾기 시작하거나 상대방에게 참을 수 없는 분노가 생기기도 한다. 그럼 두려움과 걱정이 더해져 상처는 원래보다 곱절은 커지면서 나중에는 첫 번째 화살에 대한 기억은 사라진 채 두 번째 화살로 인한 부정적인 감정만 남게 된다.

생각과 사실 분리하기

생각은 감정을 촉진하고, 감정은 행동을 유발한다. 그래서 생각과 감정을 몇 차례 오가고 나면 문제를 실제보다 몇 배는 확대해 체감하면서 어느새 생각은 확신이 되고 사실처럼 믿게 된다. 그 순간 자신의 감정과 행동에 타당성이 생긴다. '그가 나를 늘 무시해 왔기 때문에 내가 그를 미워하는 것은 당연하다' 하는 식이다.

사실은 객관적인 정보 그대로의 전달이고, 생각은 자신의 주 관적인 의견이 개입된 것이다. 생각과 사실을 구분하는 것은 부 정적인 감정에 대처하는 데 가장 필요한 과정이다. 밑줄 친 문장 에서 생각과 사실을 구분해 보자.

> 그는 이번 달에 나와의 약속에 세 번이나 늦었다. : 사실 or 생각
> 늘 미안한 기색도 없이 변명만 늘어놓는 것을 보니 나와의 만남을
> 진지하게 생각하지 않는 것이 분명하다. : 사실 or 생각

내 생각이 객관적인 사실의 나열인지, 사실에 대한 느낌이 끼어든 것인지 구분해야 한다. 사실로 검증되기 전까지는 생각은 단지 생각일 뿐이다. 이것이 어렵다면 내가 일상에서 사실과 생 각을 자주 혼동하지 않는지 다시 한번 생각해 봐야 한다. 지금 이

글을 읽으면서 '나는 사실과 생각을 잘 구분하지 못하는 걸 보니 역시 나는 틀렸어'라고 생각하는 사람이 있다면, 그 역시 두 번째 화살이니 당장 활시위를 거두길 바란다.

만약 나에게 첫 번째 화살을 쏜 사람이 자신의 책임을 회피하기 위해 두 번째 화살을 쏘기를 부추긴다면, 그 사람과 거리 두기를 추천한다. "네가 소심해서 그래", "너는 별것도 아닌데 왜 이렇게 사람을 피곤하게 해" 같은 말을 하는 사람이 주변에 있다면 멀리하자. 그 사람이 바로 자존감 도둑이다.

두 번째 화살 포착하기

최근에 내가 경험한 첫 번째 화살은 무엇인가요?

그 상황에 내가 쏜 두 번째 화살은 무엇인가요?

내가 쏜 두 번째 화살은 나의 감정과 행동에 어떤 영향을 끼쳤나요?

21일
-
물음표 살인마가 감정을 잘 다스린다

---- Essay ----

워킹맘의 욕심

항상 외출하기 직전에 집을 정리한다. 집이 지저분한 상태로 나가기가 불안해서 거실에 불필요한 물건을 치우고 쓰레기도 정리해서 나가는 길에 버린다. 외출하기 전에 준비 시간이 길어지다 보니 가족들은 다녀와서 해도 될 일을 왜 꼭 바쁜 와중에 그러냐고 화를 내기도 한다. 그럼 나는 도와주지는 않으면서 화만 내는 남편에게 서운함을 토로하는데 그야말로 불필요한 감정 싸움의 시작이다.

나 역시 '어지러운 집 → 불안함 → 외출 전 청소 → 가족들의 불만 → 서운함 → 감정 싸움' 이 패턴을 바꾸고 싶다. 이러한 행동과 감정의 이면에는 어떤 욕구가 숨겨져 있을까 스스로 고민해 보았고, 이윽고 찾아낸 나의 욕구에 무척 놀랐다. 그저 외출 후 깨끗한 집에 돌아오면 좋으니까 청소한다고 생각했는데, 나의 욕구는 전혀 다른 말을 하고 있었다.

사실은 완벽한 아내이자 인정받는 며느리가 되고 싶었다. 그러려면 워킹맘이지만 항상 집을 깔끔하게 치우고 정리 정돈도 잘한다는 이야기를 들어야 했다. 이런 내가 안쓰럽게 느껴지기도 했지만, 욕구를 있는 그대로 알아차리는 것만으로도 위로가 되었다. 무엇보다 이런 욕구는 외출 직전에 하는 청소로는 채워지지 않을 거라는 사실을 깨달았다.

Therapy

Why 질문법

가족 상담의 대가인 버지니아 사티어Virginia Satir는 인간을 빙산에 비유하면서 내면 탐색의 중요성을 강조했다. 수면 위에 나타나는 가시적인 말과 행동이 있고 그 이면에 그 사람의 감정과 생각, 기대가 있다. 가장 아래에는 욕구가 깔려 있는데, 이들은 밀접하게 상호작용한다.

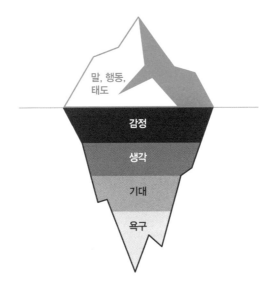

　　욕구는 일종의 원인이다. 욕구의 좌절은 분노를 부른다. 나의 분노가 가리키는 내 안의 욕구는 무엇일까? 욕구를 제대로 보면 감정과 행동을 이해하기도 쉬워진다. 특히 좌절된 욕구를 알면 반복되는 감정과 행동에 대한 문제를 해결하는 데 도움 된다.

　　원인은 알지 못한 채 결과만 바꾸려 애쓰니 탈이 나는 것이다. 때로는 나도 잘 인식하지 못하는 욕구가 행동과 감정을 지배할 때가 있다. 나는 지금 무엇을 원하고 있는가에 대한 답을 얻을 때 수면 위로 나타난 말과 행동에 변화를 줄 수 있다. 무엇보다 내가 진정으로 원하는 것은 무엇인지 생각해 보는 것만으로도 위로를 받을 수 있다.

　　이때 유용한 것이 Why 질문법이다.

문제 : 외출 전 청소를 해야 한다.

Why? 청소하면 깨끗해지니까.
Why? 깨끗해지면 들어올 때 기분이 좋으니까.
Why? 내가 청소를 했다는 사실이 뿌듯하니까.
Why? 나는 일도 잘하고 살림도 잘하는 여성이니까.
Why? 괜찮은 여성이 되려면 뭐든지 완벽해야 하니까.
Why? 완벽해야 인정받으니까.

욕구 : 나는 완벽한 아내, 인정받는 며느리가 되고 싶다.

결과 : 외출 전 청소를 통해 그 욕구를 채울 수 있을까? NO.

숨은 욕구 파헤치기

바꾸고 싶은 나의 문제 행동이 있나요? 그 행동 이면에는 어떤 감정이 있나요?

그 행동이나 문제에 대해 'Why 질문법'을 적용해 보세요.

Why? _____

Why? _____

Why? _____

Why? _____

Why? _____

Why? _____

나의 욕구는? _____

위의 욕구를 자신의 문제 행동을 통해 채울 수 있을까요? 그럴 수 없다면 다른 방법은 무엇이 있을지 생각해 보세요.

22일
-
빛이 강할수록 그림자는 짙어진다

Essay

행복한 척

어린 나이에 결혼해서 시집살이가 익숙해지기도 전에 엄마가 되었다. 주도적이고 진지했던 남자는 고집 센 무뚝뚝한 남편이 되었고, 너그럽고 웃음이 많았던 여자는 예민하고 꽁한 아내가 되었다. 맞벌이였지만 나는 퇴근 후에 아이를 보러 뛰어와야 했고 남편은 회식이며 취미 생활이며 원 없이 즐기는 듯했다. 출근하기도 싫었지만 퇴근하기가 더 싫었다.

어디에도 말할 수 없었던 답답한 내 마음을 이야기할 대나무

숲이 필요했다. SNS에 '힘들다'라고 올린 지 한 시간도 채 되지 않아 남편에게 전화가 왔다. 그는 모든 사람이 보는 SNS에 이렇게 해놓으면 자기가 뭐가 되냐고 나를 나무랐는데, 내가 왜 힘든지는 끝내 물어보지 않았다. 그 이후로는 힘들어도 공개적으로 힘들다고 티 내지 않았다. 늘 행복해 보이는 사진과 좋은 문구만 SNS에 걸어두었다. 항상 행복한 삶이 나의 페르소나가 된 것이다.

코미디언 안영미가 연말 시상식에서 했던 수상 소감이 생각난다. 방송에서 거침없는 19금 개그와 솔직한 표현으로 주목받은 그녀가 사실은 방송이 두려웠다고 고백했다. 방송인으로서 다른 사람들이 원하거나 자신에게 도움이 되는 이상적인 페르소나로 살았을 뿐, 스스로가 방송에 적합하지 않다고 생각했던 것이다.

Therapy

페르소나와 그림자

페르소나는 사회적으로 이상적인 나의 모습을 의미한다. 고대 그리스의 연극에서 배우들이 쓰던 가면을 뜻하는 라틴어에서 유래된 말이다. 어떤 모습으로 살아가는 것이 나에게 유리한지에 대한 판단 아래 본인이 만들어낸 이미지다. 반면에 보여주고 싶지 않은 자신의 모습을 그림자라고 한다. 페르소나는 가식적인 것이고 그림자가 진정한 나라는 의미는 아니다.

사람마다 다양한 페르소나를 가지고 살아가며 이는 인생에서 꼭 필요한 부분이기도 하다. 사회 구성원으로서, 자식으로서, 아내로서, 남편으로서, 친구로서, 연인으로서 각각의 역할에 맞는 페르소나가 존재한다. 이 역시 나의 일부이며, 페르소나와 가까워지기 위해 노력하다 보면 삶에 긍정적인 영향도 준다.

나는 상담사로서의 페르소나를 가지고 있다. 이야기를 잘 들어주는 따뜻한 사람. 그것은 내담자의 기대에 의해 만들어졌을 수도 있고, 상담사라는 역할에 부합하기 위해 내가 만들어낸 것일 수도 있다.

반면 강사로서의 페르소나는 꽤 예민한 모습이다. 수강생에게 필요한 내용이 무엇인지, 어떤 것이 중요한지를 곱씹으며 스스로 비판적인 시각을 갖는 것이 강사에게 필요한 자세이기 때문이다. 퇴근 후에는 두 아이의 엄마로 돌아간다. 함께 장난을 치다가도 엄하게 혼내기도 하는 엄마의 역할을 수행한다. 이 역시 나의 페르소나이다.

가끔 특정한 페르소나가 과하게 발현되거나 내가 만들어낸 페르소나에 이질감을 크게 느낄 때면 불편해지기도 한다. 정체성에 대한 고민을 안겨주기 때문이다. 이때 나의 그림자가 드러난다. 그것이 콤플렉스든, 트라우마든 누구에게나 있지만 남에게 보여주고 싶지 않은 모습이다.

빛이 강할수록 그림자는 짙어진다. 그림자는 무의식 속에 있는 경우가 많아서 페르소나와 충돌할 때마다 표면으로 올라온다.

사회적으로 보여주는 페르소나가 스스로 감당 되지 않을 때, 또는 어떤 계기로 내면의 건강이 훼손됐을 때 예기치 않게 그림자가 드러난다. 정도가 심하면 공황장애나 우울증 등으로 이어지기도 한다. 나 역시 페르소나와 그림자 사이의 간격을 체감할 때가 있다. 마음 퍼실리테이터로서 다른 사람에게 언제나 좋은 모습만 보여야 한다고 생각하는 순간, 페르소나는 부담으로 다가온다.

건강하게 페르소나를 유지하는 방법은 이상과 현실의 간격을 스스로 줄여나가는 것이다. "마음에 대해 공부하면 화를 내지 않는 좋은 사람이 될 수 있을까요?"라는 질문에 나는 이렇게 답한다. "아니요. 저도 화가 나고 부부 싸움도 하고 아이들에게 소리도 지릅니다. 마음공부가 만병통치약은 아니니까요. 그래도 지금은 왜 화가 나는지, 진짜 제 마음이 무엇인지 솔직히 말할 수 있는 용기가 생겼어요."

나의 명암 구분하기

나는 역할에 따라 어떤 모습으로 보이길 원하나요?

내가 가진 페르소나에 대해 어떤 생각과 감정이 드나요?

그 페르소나와 관련된 나의 그림자는 무엇인가요?

마음에도 정리가 필요하다

---- Essay ----

미니멀 마인드

유명인의 집에 방문해서 어지러운 집을 대신 정리해 주는 예능 프로그램이 인기다. 그깟 물건이 뭐라고 그렇게도 숨은 의미와 사연이 많나 혀를 찼지만, 남 일이 아니었다. 전문가의 도움을 받아 필요 없는 물건을 나누고 버리고 정리하는 과정을 보면서 덩달아 후련해졌다.

출연자들은 정리된 공간을 보며 눈물을 흘리기도 했다. 어쩌면 그들이 정리해야 할 것은 물건이 아니라 마음이었고, 애초에 채우고자 했던 공간도 집이 아니라 마음이 아니었을까.

마음에도 가져갈 것과 버릴 것이 있다. 마음속에 보물 상자와 쓰레기통이 있다고 생각해 보자. 내 삶에서 어떤 것을 소중히 간직하고 싶고 어떤 것을 버리고 싶은가. 비우지 않고 헛헛한 마음을 다른 무언가로 더욱 채우려 하면 결국 마음의 방은 포화 상태가 된다. 불필요한 것들로 가득 찬 방은 주인이 편히 누울 공간조차 없어져 본연의 기능을 잃어버린다. 혹시나 하는 마음에 예쁜 쓰레기를 버리지 않고 쌓아두거나 감추려 할수록 그것은 오히려 치부가 되고 약점이 된다. 이는 불안러가 되는 지름길이다. 우리에게는 미니멀 라이프보다 미니멀 마인드가 필요하다.

Therapy

심리적 허기

군중 속 고독을 다른 말로 '심리적 허기'라고 한다. 의미 치료의 대가인 빅터 프랭클Victor E. Frankl은 사람들 틈에서도 외로움을 느끼는 상황을 내면이 텅 빈 상태, 삶의 의미와 목적을 잃어버린 순간의 실존적 공허Existential Vacuum라고 표현했다.

바쁜 하루를 보내고 침대에 눕자마자 공허함이 밀려올 때, 열정적으로 노력해 목표를 이뤘지만 허탈할 때, 일순간 삶의 목적과 존재 이유를 잃어버렸을 때가 그렇다. 누구나 마음속에 작은 구멍이 있다. 그 구멍이 유독 크게 느껴지는 순간은 무언가에 열중한 뒤다.

　인간은 본능적으로 내 안의 허기를 채우려 노력한다. 이때 가장 편하고 쉽게 이용할 수 있는 것이 스마트폰이다. 내 손안의 작은 세계에서 마음의 허기를 느끼지 못할 정도로 무언가에 열중하는 것이다. 먹는 행위로 심리적 허기를 달래는 사람도 있다. 배가 부르면 심리적 허기도 채워지는 느낌이 들고, 잠시 식사에 열중하면서 공허함을 잊는 것이다. 쇼핑을 하는 사람도 있다. 가시적인 무언가를 구매함으로써 눈에 보이지 않는 공허함을 메꾼다. 삶의 목적이나 의미를 찾는 대신 물건 하나하나에 구매 목적과 의미를 부여하면서 대리 만족을 하는 것이다.

　나는 평소 내 안의 구멍을 무엇으로 채우는지, 그것이 나의 마음을 진짜 채워주었는지 돌아보자.

마음 분리수거하기

나는 심리적 허기를 어떤 것으로 채우나요?

마음속에는 보물 상자와 쓰레기통이 있습니다. 소중히 간직하고 싶은 것은 보물 상자에, 버리고 싶은 것들은 쓰레기통에 그려보세요.

보물상자	쓰레기통

어떤 생각과 느낌이 드나요?

4주. 나아가기

/

"우리는 종종 거창한 목표 앞에서 좌절한다. 능력이 부족해서가 아니다. 너무 멀리 있는 목표를 잡았기 때문이다. 작은 단위의 목표를 먼저 생각해 보자. 그 작은 경험들이 모여 큰 목표로 가는 디딤돌이 되어주고, 나를 꽤 괜찮은 사람으로 만들어놓을 것이다."

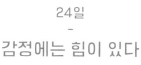

24일

-

감정에는 힘이 있다

--- Essay ---

잘될 거예요 뭐든지

아무리 이성적이고 합리적인 사람이라 한들 감정의 영향권에서
벗어날 수 없다. 문득 세상이 아름다워 보여 모든 것에 후해질 때
가 있고, 어떤 날은 세상이 너무 가혹한 것 같아 만사에 삐딱해지
기도 한다. 내 기분이 내 세상을 결정하는 것을 보면 감정의 힘을
무시할 수 없다.

코로나19 사태로 모든 상담과 교육이 멈췄다. 이럴 수 있나
싶을 만큼 가혹한 1년이었다. 어떻게 살아남을까 이리저리 머리

를 굴리는 와중에 내 마음을 찰떡같이 알아주는 건 알고리즘이었다. 신발 한번 검색했더니 세상의 모든 신발을 다 보여줄 기세로 신발 광고 팝업창이 나를 따라다녔다. 어떤 날에는 대출 광고가 징그럽게 쫓아다녔는데 누군가 나의 지갑 사정까지 훤히 들여다보는 듯해 소름이 돋았다. 누구나 클릭 한 번에 손쉽게 대출 가능하다는 문구에 홀려 재미 삼아 정보를 입력했더니 저금리 대출은 어렵다는 말만 돌아왔다. 누구나 클릭 한 번에 손쉽게 대출할 수 있지만 너는 안 된다고 말하는 듯해 금세 의기소침해졌다.

슈퍼마켓에 들렀다 집에 오는 길, 아파트 경비원에게 인사를 건네는데 뜻밖의 말이 돌아왔다. "내가 이 일 하면서 사람을 꽝장히 많이 봐왔거든요. 근데 사람 인상은 절대 거짓말 안 하더라고요. 내가 인상 좀 보는데, 늘 인상이 좋아요. 잘될 거예요. 뭐든지."

예상치 못한 덕담에 멋쩍게 감사하다는 대답만 하고 돌아서는데, 어쩐지 기분이 좋아졌다. 조금 전까지도 세상의 짐은 내가 다 떠안은 듯 어깨가 무거웠는데 갑자기 힘이 나고 자신감이 생겼다. 그래, 잘 이겨내 봐야지. 아파트 입구에 이렇게 꽃이 많이 피어 있었던가? 진달래도, 개나리도 흐드러지게 피어 있다. 그래! 봄이었지. 봄이었어.

긍정 정서 늘리기

코로나19 바이러스 확진자 수가 연일 1천 명에 육박했을 때 사람들은 경각심과 두려움을 느끼고 건강과 외출에 각별히 신경 썼다. 불안과 공포감은 위험 요소로부터 도피하거나 방어하고 대처할 방법을 찾게 한다. 부정적인 감정은 인간의 생존 본능과 밀접하게 연결되어 있기 때문이다.

반대로 긍정적인 감정은 인간의 성장에 도움을 주고, 환경에 적응하고 공동체를 이뤄 살아가는 데 영향을 미친다. 죽어가는 전통 시장을 살리기 위해 라이브커머스를 도입하면서 세대 통합이 이뤄진 현상이 좋은 사례다. 희망과 가능성에 대한 기대는 긍정적인 감정을 내포해서 사람들을 모으는 연대의 힘이 있다.

정서 연구의 대가인 심리학자 바바라 프레드릭슨Barbara L. Fredrickson에 의하면 긍정 정서는 우리의 시야를 넓혀주고 활력을 불어넣으면서 인내심과 회복 탄력성을 길러준다. 다시 말해 긍정 정서를 자주 경험할수록 자존감도 건강해진다.

불안러의 상태에서 빠르게 벗어나는 방법은 의외로 간단하다. 그저 내 기분을 조금만 좋게 바꿔주면 된다. 그럼 내 상황에 대해 훨씬 다양한 대안과 해결책이 떠오르고 삶의 긍정적인 의미를 찾을 수 있다.

그런데 의외로 우리는 감정을 잘 활용할 줄 모른다. 그저 수동적으로 좋은 기분이 내게 찾아오기만을 기다린다. 좋은 일이 생기길, 누군가 내게 기분 좋은 감정을 선물해 주길 기대한다. 마치 일 년 내내 크리스마스를 기다리는 어린아이처럼 말이다.

우리에게는 이미 나의 하루를 크리스마스로 만들 수 있는 능력이 있다. 물론 무엇이 나를 기분 좋은 상태로 만들어주는지 알고 있다면 말이다. 나에게 소소하지만 확실한 행복을 줄 수 있는 것들은 무엇이 있을까? 그런 하루를 어떻게 설계할 수 있을까? 크고 거창한 활동이 아니라 아주 작은 일상의 '소확행'을 찾는 것이 중요하다. 내가 필요할 때 바로 할 수 있어야 하니까. 나의 소확행 목록도 계속 업그레이드 중이다.

나의 소확행 : 집 청소하기, 사람들과 밝게 인사 나누기, 삶은 옥수수 먹기, 여행 계획 세우기, 바람을 가르며 자전거 타기, 예능 프로그램 보기, 식기세척기 돌리고 뽀송뽀송한 그릇 만지기, 매운 코다리찜 먹기, 나르샤 노래 〈I'm in love〉 듣기, 식물 돌보기, 서점 가기, 코인노래방에서 옛날 노래 부르기, 다이어리 쓰기, 추억의 사진 꺼내 보기, 시집 읽기, 매니큐어 바르기, 좋아하는 사람에게 안부 문자 보내기, 유튜브로 미담 영상 찾아보기, 이불 빨래하기, 카페에서 음악 들으며 커피 마시기, 중고마켓에서 좋은 물건 싸게 사기.

오늘은 나의 소확행 목록에서 식물 돌보기를 선택했다. 화분에 물을 주는 순간에는 여유롭고 평온한 일상을 누리는 것 같아 기분이 좋아진다. 성인이 되고 나서 끊임없이 나의 자존감에 대해 고민하고 자존러가 되기 위해 노력했지만, 하루아침에 되는 일은 없었다. 그저 조금씩, 아주 조금씩 작은 노력을 하는 수밖에. 매일 1도씩 방향을 바꿔왔던 나의 노력을 다시 돌아보니 내가 가고자 하는 방향으로 길을 내고 있었다.

행복 환경 설계하기

최근 기분 좋았던 순간, 또는 좋지 않았던 순간은 언제였나요? 그 감정들은 나의 행동과 생각에 어떤 영향을 끼쳤나요?

나의 소확행은 어떤 것들이 있나요?

나를 위한 기분 좋은 하루를 설계해 보세요. 평소 나의 일상을 돌아보고 어떠한 변화를 주고 싶은지 생각해 보고, 변화를 위한 환경을 설정해 보세요.

시간	평소 일상	활동 설계	환경 설정
(예시)	핸드폰으로 인터넷 가십을 보거나 밀린 업무 메일로 하루를 무겁게 시작	책상을 닦고, 향이 좋은 원두커피를 마시며 여유 있게 아침 시작하기	퇴근 전 머그잔 씻기, 책상 위에 물티슈 올려놓기
아침			
점심			
저녁			
주말			

25일
내 인생의 싱어송라이터가 되다

Essay

슬픈 버전 다이어리

시골집에 갔다가 학창 시절에 쓴 일기장을 보았다. 일기장은 온통 슬프고 화나는 일로 가득했다. 하긴 당연한 일이다. 슬프고 속상한 날에만 일기를 썼으니까. 친구에게 서운했던 일, 동생과 싸우고 억울했던 일, 짝사랑하던 사람이 멀리 떠났던 일, 부모님에게 혼나서 밤새 울었던 일. 누가 보면 이 일기장의 주인은 왜 이렇게 억울하고 슬픈 인생을 살았냐고 할 정도로 우울한 이야기로 가득 차 있었다.

행복한 순간은 미니홈피에 광고하듯 올려놓고 마음이 힘든 날에만 일기장을 찾았다. 유난히 우울한 날에는 앞장에 쓴 일기들을 다시 보면서 세상에 나 혼자 남겨진 것 같은 서러움을 증폭시키곤 했다. 우울한 날에 우울한 글이 가득 적힌 일기장을 보고 더욱 우울해진 상태에서 일기를 쓰다니. 분명 좋았던 날도, 행복했던 순간도 많았을 텐데.

일기장에 적힌 시련들을 객관적으로 볼 수 있게 된 지금, 일기장 앞에 '슬픈 버전 다이어리'라고 적어보았다. 이 이야기는 내 인생의 일부분일 뿐, 내 삶 전체를 이야기하는 게 아니니까.

집으로 돌아와 새로 산 일기장에는 '나의 성장 스토리'라고 적었다. 훗날에 이 일기장을 꺼내 보고 내가 걸어온 길을 흐뭇하게 회상할 수 있기를 바란다.

이야기 치료

이끼는 흙이 있는 곳, 생명이 자랄 수 있는 곳에서 제일 먼저 자리를 잡는다. 다른 생물이 살 수 있는 환경을 만들고 먹이가 되기도 한다. 자신을 내어 다른 생명을 촉진하는 삶. 이끼의 꽃말은 희생을 나타내는 모성애다.

축축하고 그늘진 곳에 엉켜 자라는 이끼에 감동적인 의미를 불어넣은 스토리처럼 인간이 가진 서사 본능은 수많은 이야기를 만들어냈다. 이야기 치료Narrative Therapy 이론에 의하면, 한 사람이 지닌 이야기는 사건의 단순 나열이 아니라 그 사람에 의해 재구성된다. 같은 사건이어도 서로 다르게 해석하고 의미를 부여하기 때문이다.

이야기는 자신이 믿고 지향하는 신념을 바탕으로 구성, 확장된다. 오늘 하루 중 내가 어디에 집중하고 어떤 의미를 부여하느냐에 따라 그날그날의 인상이 달라진다. 즉 얼마든 새로운 스토리를 구상하고, 그 근거들을 마련할 수 있다는 것이다.

나는 내 인생의 싱어송라이터다. 직접 가사를 짓고 멜로디를 붙인 곡을 내 목소리로 노래한다. 주인공이자 작가인 나는 오늘 하루를 가장 슬픈 날로 해석할 수도 있고 가장 의미 있는 날로 기억할 수도 있다. 처음 자전거를 배운 날을 누구는 유년 시절의 가장 행복했던 날로 떠올릴 수 있고, 다른 누구는 넘어질까 봐 불안에 떨었던 힘든 날로 이야기하는 것처럼 말이다.

뇌는 경험이나 훈련에 따라 일생을 거쳐 변화한다. 이를 신경가소성Neuroplasticity이라고 한다. 신경계의 뉴런의 수와 시냅스의 분포는 외부 환경의 자극에 따라 변화를 거듭하는데 어떤 것을 강화하느냐에 따라 전혀 다른 시냅스의 분포를 볼 수 있다.

사고방식도 연습을 통해 변화시킬 수 있다. 우리는 끊임없이 자신과 대화를 나누기에 뇌는 우리에게 가장 익숙한 생각의 방향으로 발달한다. 생각한 대로 살지 않으면 사는 대로 생각하게 되

는 것도 이 때문이다. 나의 하루를 어떻게 바라보고 해석할 것인
지, 어떤 버전의 이야기에 집중하고 싶은지 생각해 보자. 오늘 하
루는 나에게 어떤 하루였을까?

일기장 제목 짓기

내가 원하는 버전의 일기를 쓴다면 그 일기장의 제목은 무엇일까요?

오늘 하루 중 좋았던 것 세 가지와 아쉬웠던 것 한 가지를 찾아보세요.

좋았던 것과 그 이유	아쉬웠던 것과 그 이유
•	•
•	
•	

하루를 돌아보며 오늘의 순간을 기록해 보세요.

오늘 날짜는 _____

오늘 세상이 아름다웠던 순간은 _____

하루 중 가장 좋았던 순간은 _____

나를 칭찬하고 싶었던 순간은 _____

누군가에게 고마움을 느꼈던 순간은 _____

한 가지 아쉬웠던 일은 _____

그러나 그 순간 찾을 수 있었던 의미는 _____

내일은 _____해서 더욱 행복한 하루가 되기를.

과거에서 벗어나 현재를 살아가다

Essay

지우고 싶은 기억

첫 회사 생활의 설렘을 안고 출근한 사회 초년생에게 나이 지긋한 부장은 입사 기념 저녁 식사를 제안했다. 불려 나간 나와 내동기는 그날 저녁 그 자리를 피해 도망쳐 나오기까지 성희롱과추행에 시달렸다. 이후 회사에 고발하고 그 사람이 퇴사하기까지떠오르는 기억은 놀랍게도 별로 없다. 기억하고 싶지 않은 순간을 무의식에 넣어버린 듯 그 사람의 얼굴과 이름이 흐릿해졌다.

그날이 다시 떠오르기까지 그리 오래 걸리지 않았다. 몇 년

후, 그가 자회사로 재취업을 했고, 그 얼굴을 다시 보는 순간 무의식 속에 묻어두었던 기억들이 한꺼번에 봉인 해제되면서 온몸이 떨렸다. 결국 나는 오랫동안 다녔던 애증의 회사를 퇴사했다. 꼭 그 때문에 퇴사한 것은 아니었지만, 그를 다시 사무실로 불러 나를 마주하게 했던 회사와 상사에 대한 분노가 영향을 미친 것은 사실이다.

사실 내가 무의식에 넣어버리고 싶었던 기억은 그 인간뿐만이 아니었다. 동료들은 그의 황당무계한 변명에 넘어가 신입 사원이 당돌하게 상사를 쬔 것이 아니냐는 의심의 눈길을 보냈다. 가까운 사람조차 나를 믿지 않는다는 두려움과 배신감에 한동안 관계 트라우마를 겪어야 했다.

사람들 기억 속에서 그 일은 조금씩 잊혔지만, 당사자인 나는 아주 오랫동안 그날 그 공간, 그 시간에 갇혀 있었다. 인사할 때 웃지 말걸, 저녁 사준다고 할 때 단호히 거절할걸, 더 일찍 자리를 박차고 나올걸, 아니 처음부터 그곳에 입사하지 말걸. 하루에도 수백 번을 후회하고 자책했다.

여느 날과 다를 바 없는 날, 지나가던 차에 물벼락을 맞았을 뿐인데, 그러게 왜 비 오는 날 밖에 나와 돌아다녔냐고, 왜 그 시간에 그 길로 걸어갔냐고, 왜 미리 피하지 않았냐고 스스로 비난을 퍼붓는 꼴이었다. 내가 나를 아프게 했지만 정작 내가 그때 듣고 싶었던 말을 따로 있었다. "너의 잘못이 아니야. 너에게 일어난 불행한 사건일 뿐, 너의 존재 자체에 대한 문제가 아니야. 그러니 더 이상 너를 괴롭히지 마. 그때의 너는 충분히 최선을 다했어."

하지만 누구도 내 상처를 완전히 책임지거나 내 마음을 완벽히 알아줄 수 없다. 그날에서 벗어나 현재의 일상으로 돌아오는 것은 결국 나 자신이기 때문이다.

─────────────────── (Therapy) ───────────────────

트라우마와 마음 챙김

강한 심리적 외상을 트라우마Psychological Trauma라고 부른다. 사건의 크고 작음에 상관없이 우리는 누구나 심리적 상처를 경험하며 살아간다. 트라우마는 단순히 어떤 사건을 경험하는 것에 그치지 않고 그로 인한 공포, 두려움, 분노, 수치심, 죄책감 같은 부정 정서를 내 삶에 깊이 새긴다.

사건은 시간이 지나면 과거의 일이 되지만 마음의 상처는 나에게만 현재진행형이다. 때문에 설령 그것이 부당하거나 불가피한 일이었다 해도 그 원인을 자신에게서 찾게 된다. 결국 상처를 준 사람이 아닌 상처를 받은 나의 행동에 책임을 씌워서 자책한다.

트라우마에서 벗어나 자존러의 상태를 유지하고 싶은 사람들에게 마음 챙김 명상을 추천한다. 마음 챙김은 나의 감정과 감각, 생각, 환경에 대해 자각하고 판단 없이 바라보는 과정이다. 짧은 시간 동안 내 호흡에 집중하고 내 몸의 감각, 감정, 생각을 알아차리는 것에 집중해 보자. 지금 드는 감정과 생각을 회피하거나 비난하지 않고 그냥 받아들이는 것이다. 그래, 그렇구나 하고.

마음 챙김 호흡하기

괜찮다면, 나에게 감정적 상처를 준 사건에 대해 생각해 보세요. 그 경험이 나의 일상에 미친 영향은 무엇인가요?

* 마음 챙김 호흡을 시도해 보세요.

1. 눈을 감고 잠시 호흡에 집중합니다. 숨을 깊이 들이마시고 내쉬고, 다시 들이마시고 내쉽니다. 호흡은 내 마음의 파도에 닻을 내리는 것과 같습니다. 내가 지금, 여기에 오롯이 집중할 수 있도록 호흡에 주의합니다. 이 과정을 몇 차례 반복합니다.

2. 이번에는 복부의 감각에 집중합니다. 배가 들숨에 팽창하고 날숨에 수축하는 느낌을 느껴봅니다. 이 과정을 몇 차례 반복합니다.

3. 생각이 다른 곳으로 달아난다면 바로 알아차리고 친절한 태도로 다시 호흡에 집중해 봅니다. 집중이 어렵다면 숫자를 세어도 좋습니다. 숨을 들이마실 때 셋까지 숫자를 세고, 숨을 내쉴 때 넷까지 숫자를 세어봅니다. 자연스럽지만 평소보다 조금은 느리게 호흡하며 숫자에 집중합니다.

4. 편안하게 호흡하면서 떠오르는 생각과 느낌, 기억 등 주의를 방해하는 것들을 떠나보내고 현재의 나의 호흡에 집중합니다. 자연스럽게 호흡하면서 잠시 머물러 보세요. 그리고 서서히 눈을 뜨고 일상으로 돌아옵니다.

마음 챙김 호흡 후 느껴지는 것(몸의 감각, 감정, 생각 등)을 작성해 보세요.

심리적 상처를 안겨준 과거의 사건에 얽매이지 않고 그 경험을 발판삼아 오늘과 내일을 살아가는 것이 중요합니다. 가능하다면 그때의 경험이 내게 준 긍정적인 의미가 있다면 어떤 것인지 작성해 보세요.

27일
-
때로는 뼈를 깎는 손절도 필요하다

--- Essay ---

자존감 도둑

사람들 앞에서 남을 깎아내리는 농담을 하는 사람이 있다. "에이 네가 무슨 운동을 해. 픽이나 하겠다. 그냥 나랑 삼겹살에 술이나 마시자. 너는 그게 어울려. 얘는 정신을 항상 집에 두고 오거든요. 그래서 제가 늘 챙겨줘야 사람 구실을 한다니까요. 하하하." 험담 속 주인공은 다른 사람들 앞에서 자신을 비웃은 동료를 그저 바라볼 뿐 별다른 말이 없었다. 아무리 10년을 함께한 막역한 사이라지만 잘 이해되지 않았다.

그런데 당사자도 마냥 괜찮지는 않았던 모양이다. 얼마 뒤 나에게 고민을 토로한 것을 보면 분명 친근함의 표시를 넘어선 것은 분명하다. 그는 동료가 나쁜 사람이 아니고 자신을 믿고 의지한다는 것을 알지만, 언제부턴가 다른 사람들도 자기를 우습게 보고 함부로 대하는 것 같아 점점 자존감이 떨어진다고 했다. 심지어 농담으로 가장한 비난에 자기도 익숙해져 그의 말처럼 자신이 정말 부족하고 못난 사람처럼 느껴졌다. 동료와 불편한 관계가 되는 것이 두려워 그저 웃어넘겼지만, 그는 몇 번의 상담 끝에 용기를 냈다.

그는 고심 끝에 동료에게 자기의 감정에 대해 솔직하게 말하고 다른 사람들 앞에서 주의해 달라고 말했다. 10년 만의 일이었다. 이야기를 들은 동료는 그저 장난이었을 뿐인데 예능을 다큐로 받는다며 그를 소심하고 꽁한 사람으로 만들어버렸다. 그는 내게 와서 사람 고쳐 쓰는 거 아니었다며 쓸쓸한 한숨을 내뱉었다.

우리는 관계 속에서 기쁠 때도 있고 슬플 때도 있다. 심리학자들은 타인과 관계를 맺는 것은 인간의 기본 욕구이고, 누구나 다른 사람에게 의미 있고 소중한 존재가 되고 싶어 한다고 말한다. 하지만 모든 사람과 의미 있고 소중한 관계를 맺으라는 뜻은 아니다. 나에게 힘을 주는 '에너자이저'가 있는 반면 나의 자존감을 갉아먹고 힘 빠지게 하는 '자존감 도둑'도 있기 마련이니까.

의미 있는 타인

정말 '사람은 고쳐서 쓰는 게' 아닐까? 대상관계이론Object Relations Theory에 의하면 사람의 성격은 개인의 대인 관계에 따라 일생에 걸쳐 형성되며 변화하고 수정된다. 어린 시절의 주 양육자와 쌓은 첫 대인 관계의 경험이 내재화되어 평생 영향을 미치는데, 성인이 되어서도 유의미한 관계의 경험을 통해 사람은 변화할 수 있다고 한다. 즉 '사람은 고쳐 쓸 수 있다'는 것이다.

사람은 관계를 맺는 과정에서 영향을 주고받으며 대상Object 과 자아Self의 개념을 형성한다. 예를 들어 엄마가 아이에게 칭찬과 보상을 주면 아이는 자신에 대해 좋은 자아상Good Self을 확립하고, 엄마가 자신의 행동에 대해 부정적이거나 과민하게 반응하면 아이는 자신에 대해 나쁜 자아상Bad Self을 갖게 된다.

물론 대부분 성장 과정에서 대상과 자아가 좋을 수도 있고, 나쁠 수도 있다는 양면성을 자연스럽게 받아들이지만 그렇지 못하면 대인 관계가 경직되면서 어려움을 겪는다. 우리가 타인과 관계를 맺는 것은 그저 다른 사람을 내 곁에 두는 것이 아니라 나의 자아상에 끊임없이 영향을 주는 일이다.

이러한 자아상은 자존감에도 영향을 끼칠 수밖에 없다. 바꾸기 쉽지 않은 사람에게 변화를 기대하며 그 사람과의 관계를 지속하는 것은 나의 자아상과 자존감을 내어놓는 일이다. 누군가를 변화시키겠다는 생각에는 엄청난 노력과 어려움이 따른다. 따라서 상대방이 바뀌길 기대하기 전에 자신에게 먼저 질문해야 한다.

나는 그 사람을 있는 그대로 받아들일 준비가 되었는가?
나는 감정에 휩쓸려 상대방을 왜곡해서 보고 있지 않는가?
상대방이 자기 문제에 대해 인지하고 변화하길 원하는가?

만약 이 질문들에 명확한 답을 내릴 수 없다면 차라리 의미 있는 타인에게 집중하는 게 좋다. 심리학자들은 우리의 삶에 긍정적이고 중요한 영향을 미친 사람들을 의미 있는 타인Significant Others이라고 부른다. 나에게 의미 있는 타인은 누구일까?

의미 있는 타인은 나를 성장하게 하고 심리적 에너지를 채워주는 존재다. 관계 속에서 나를 위한다는 이유로 나의 약점을 후벼 파는 사람은 굳이 곁에 두지 않아도 괜찮다. 주식이든 사람이든 때로는 뼈를 깎는 손절도 필요한 법이다.

인간관계 둘러보기

나에게 의미 있는 타인은 어떤 사람일까요? 아래의 질문에 대해 떠오르는 사람을 적어보세요.

– 나에게 웃음을 주는 유쾌한 사람은? _____

– 나에게 긍정적인 자극과 도전 의식을 촉진하는 사람은? _____

– 내가 아는 지혜롭고 생각이 깊은 사람은? _____

– 자신을 잘 통제하고 균형 있는 삶을 살아가는 사람은? _____

– 만나고 나면 왠지 힘이 나는 사람은? _____

– 나와 마음이 잘 통하고 비슷한 생각을 공유하는 사람은? _____

나에게 자존감 도둑 역할을 하는 사람이 있다면 다음 문항에 대해 생각해 보세요.

– 나는 그 사람을 있는 그대로 받아들일 수 있다. (O / X)

– 나는 감정에 휩쓸려 상대방을 왜곡해서 보고 있지 않다. (O / X)

– 상대방이 자기 문제에 대해 인지하고 변화하길 원한다. (O / X)

나를 위한 관계 플랜을 작성해 보세요.

확장하고 싶은 관계	축소하고 싶은 관계
대상 :	대상 :
이유 :	이유 :
향후 관계 계획 :	향후 관계 계획 :

28일
생각에도 공식이 있다

—— Essay ——

기억은 감정을 동반한다

얼마 전, 기업 강연을 위해 IT 회사에 미팅을 다녀왔다. 담당자 모 대리는 이직한 지 얼마 되지 않아 자신도 배워가는 중이라면서 좋은 과정을 조직에 도입하고 싶다고 했다.

　미팅이 끝나고 점심시간에 담당 부서원들과 식사하는 자리 에서 그 대리는 내게 궁금한 것이 많다며 질문을 쏟아내기 시작 했다. "혹시 보스턴대학교 심리학자가 연구한 논문 보셨나요?" 막 연한 질문이었다. 보스턴대학교를 나온 심리학자가 한둘인가. 내가 "글쎄요…"라고 대답하자 그는 자신이 본 논문에 대한 설명을 매우 자세하게 쏟아냈다. 이런 식의 자문자답이 꽤 오래 이어졌다. 박학다식한 사람인 것 같았다.

자리는 한 시간 만에 특별한 이슈 없이 마무리되었는데, 그 날 새벽에 찝찝한 기분으로 잠에서 깼다. 침대에 누워 이 생각, 저 생각 하는데 낮의 식사 자리가 자꾸 떠올랐다.

기억은 감정을 동반한다. 시간이 오래 지난 일일수록 더 그렇다. 긍정적이든 부정적이든 감정의 정도가 클수록 그 경험은 오래 기억된다. 나는 왜 그 순간의 기억에 머물러 있을까? 이 질문은 그 기억이 어떤 감정과 연결되어 있느냐로 이어졌고, 내 감정을 제대로 인식하자 나는 나의 진짜 생각과 마주했다.

나는 내가 '그는 박학다식한 사람이다'라고 생각했다고 믿고 싶었지만, 사실이 아니었다. 솔직히 말하면 '다른 사람들이 보는 앞에서 나를 이용해 자신을 과시한다'고 생각했다. 경력직으로 입사한 지 한 달이 채 되지 않았고, 함께 식사하는 자리가 처음이라고 이야기했던 것을 근거 삼아 그렇게 답을 내려버렸다. 그때부터 나는 불쾌해졌던 것이다.

3단계 생각 방정식

인지행동치료Cognitive Behavioral therapy 이론에서는 생각을 점검하는 과정을 '자동적 사고 점검하기'라고 부른다. 인간의 사고는 감정과 행동에 영향을 미치는데, 사고방식을 점검하고 수정하면 자신의 인지적, 행동적 패턴을 변화시킬 수 있다는 요지다.

경험은 '사건 – 자동적 사고 – 결과(감정/행동)'로 이뤄진다. 이때 자동적 사고는 지극히 개인적이고 순식간에 일어나서 옳고 그름을 판단하기도 전에 이미 감정에 반영되곤 한다. 그 결과 즉흥적인 행동으로 이어질 때도 있다.

새벽까지 이어진 생각 때문에 한낮의 불쾌함은 점점 고조되었고 결국 분노와 괘씸함까지 느껴졌다. 그의 의도가 무엇이었는지는 알 수 없다. 내가 생각한 의도가 맞다 해도 이미 지나간 일에 내 감정과 시간을 낭비하는 꼴이었다. 이 사실을 알면서도 이미 나는 통제할 수 없을 만큼 감정의 소용돌이에 빠져버렸다.

이때 필요한 것이 인지행동치료에서 쓰이는 '자동적 사고 기록지'이다. 자신의 사고를 정리하고, 자동적 사고에 어떠한 왜곡이 있는지 파악하고, 질문을 통해 행동적·인지적 패턴을 점검해서 필요시 개선하는 것이다. 자동적 사고 기록지를 작성할 때는 자신의 자동적 사고를 최대한 솔직하게 찾아내는 것이 중요하다.

(예시) 자동적 사고 기록지

사건	여러 사람이 있는 식사 자리에서 그는 나에게 질문을 던지고, 자기가 대답하는 식의 대화를 반복했다.
자동적 사고	그는 나에게 질문하는 형식을 이용해서 자신을 과시하고 있다. 이는 무례한 행동이다.
결과	불쾌하고 황당해서 잠을 설쳤다.

　　그다음에는 자동적 사고를 점검하는 세 가지 질문을 던진다. ① 그 생각이 사실인가? ② 다르게 볼 여지가 있는가? ③ 그 생각이 나에게 도움이 되는가?

　　나는 기억하기 쉽게 줄여서 활용한다. '사실이야? 다시 봐봐. 어쩌라고?' 가능하다면 세 가지 질문에 모두 답을 찾는 것이 좋지만, 만약 반박할 답을 찾기 어렵다면 다음 질문으로 넘어가도 좋다.

자동적 사고	그는 나에게 질문하는 형식을 이용해서 자신을 과시하고 있다. 이는 무례한 행동이다.
① 사실이야?	사실인지 알 수 없다. 그는 내가 당연히 모든 지식을 알고 있을 거라고 생각했을 수 있다.
② 다시 봐봐.	그는 순전히 자신의 관심 영역에 대해 대화를 나누고 싶었을 수도 있다. 또한 직장 상사 앞에서 자신의 관심 분야를 이야기하는 것이 무례하다고 볼 수만은 없다. 사실이라 하더라도 인정받고 싶은 욕구는 누구나 가지고 있으니까 이해도 된다.

| ③ 어쩌라고? | 그를 앞으로도 봐야 하므로 이 생각에 머무는 건 나에게 도움 되지 않는다. |

이처럼 불편한 상황에 부닥쳤을 때 내 감정과 행동을 돌이켜보고, 그 이면의 자동적 사고를 들여다보면 상황에 대한 객관적인 시각이 생긴다. 덩달아 부정적인 감정도 약화한다. 자동적 사고는 전반적인 사고방식과 자신에 대한 신념에도 영향을 미치므로 자존감과 밀접한 연관성을 가진다.

자동적 사고 기록지는 상황에 무조건 수긍하게 만드는 세뇌 학습이 아니다. 셀프 토크 훈련법의 일종이다. 만약 세 가지 질문을 통해서도 나의 부정적인 감정이 오래 회복되지 않는다면 전문가의 도움을 받는 것이 좋다.

나의 경우 대부분 이 훈련법을 통해 감정의 소용돌이에서 무사히 빠져나올 수 있었다. 유난히 하루를 곱씹게 된다면 이 세 가지를 떠올려보길 바란다. 사실이야? 다시 봐봐. 어쩌라고?

사고방식 구축하기

최근에 겪은 불쾌한 사건이 있다면 그때의 자동적 사고와 결과(감정과 행동 변화)에 대해 구분해서 적어보세요.

사건
_____

자동적 사고
_____

결과
_____

자동적 사고를 찾아냈다면 자동적 사고를 점검하는 세 가지 반박 질문을 던 져보세요.

사실이야?	
다시 봐봐.	
어쩌라고?	

질문에 답을 하고 나니 어떤가요? 느낀 점을 적어보세요.

29일
–
아무것도 하지 않으면 아무것도 바뀌지 않는다

Essay

수영의 달인

종종 같은 꿈을 꾼다. 롤러코스터를 타고 긴 터널을 통과하면 깊은 물이 나온다. 롤러코스터는 물 아래를 지나고 그때부터는 얼마나 오래 숨을 참는지에 따라 생존이 결정된다. 물을 무서워하는 나의 무의식이 꿈으로 이어진 것일까. 꿈속에서 나는 늘 물 아래서 살아남으려 애쓴다.

작년에 큰마음 먹고 샀던 수영복을 꺼내 들었다. 통통한 몸을 가리려고 무릎까지 내려오는 전신 수영복을 사두고선 한 번도 제대로 입지 못했다. 겨우 몸을 끼워 넣고 거울 앞에 서니 아이가 키득대며 말한다. "엄마, 돌고래 같아." 그러고 보니 까만색 전신 수영복을 입은 게 꼭 빵빵한 돌고래 같다. 그래 오늘부터 돌고래 하지 뭐. 적어도 돌고래는 물을 무서워하지 않으니까.

동네에서 가장 가성비가 좋다는 수영장의 주 3회 초보반을 등록했다. 애초에 수영 마스터 같은 거창한 목표는 생각도 하지 않았기에 그저 결석하지 않고 물과 친해지는 게 우선이었다. 하필 12월이라 아침 해는 어찌나 더디게 뜨고 날씨는 또 얼마나 춥던지. 이불 속에서 갈까 말까 고민하며 시간을 축내는 내가 한심스러워 둘째 날부터는 아침에 일어나서 바로 나갈 수 있는 복장으로 잠들었다. 수영장 물에 첫발을 디딜 때의 소름 끼치도록 차가운 느낌은 수영이 끝나고 나면 상쾌함으로 바뀌었다. 덜 마른 머리카락에서 나는 수영장 특유의 락스 냄새마저도 좋았다.

그런데 두 달이 지나도 몸에서 힘을 빼고 수영하기가 어려웠다. 강사님은 말했다. "무릎을 양팔로 감싸 잡고 공처럼 몸에 힘을 빼보세요. 자연스럽게 등이 물 위로 뜨는 걸 느낄 겁니다. 두려워하지 말고 힘 빼는 연습을 해야 해요." 힘을 뺌과 동시에 가라앉을 것 같은데, 도대체 어떻게 힘을 빼라는 건지. 두려움이 엄습할 때마다 나는 중얼거렸다. 나는 돌고래다. 나는 돌고래다. 나는 물과 친하다….

숱한 도전 끝에 내 몸을 완전히 물에 맡길 수 있게 되었을 때 어찌나 자랑스러웠던지, 나는 그날 SNS 프로필에 '수영의 달인'

이라고 이름을 붙였다. 자신감이 생기니 신이 났다. 물속에서만큼은 몸이 가볍고 자유롭게 느껴졌다. 그리고 하루를 개운하게 시작하자 내가 마치 부지런하고 괜찮게 일상을 꾸려나가는 사람이 된 기분이었다.

오랜만에 그 꿈을 다시 꿨다. 여전히 두렵고 무서웠지만 조금 다른 선택을 할 수 있었다. 손에 힘을 빼고 눈을 떠 천천히 물속을 살폈다. 생각보다 깊지 않았다. 내가 원하면 물 위로 헤엄쳐 올라갈 수 있다는 자신감이 들었다. 이제 현실에서나 꿈속에서나 물을 만나도 더 이상 두렵지 않다.

───────────── (Therapy) ─────────────

자기 효능감 경험하기

자존감을 건강하게 유지하는 방법의 하나가 외적 자존감 즉, 자기 효능감을 경험하는 것이다. 효능감은 특정 부분에서 잘할 수 있다는 자신에 대한 믿음이다. 자기 효능감을 연구한 앨버트 반두라Albert Bandura는 효능감은 인간의 동기, 개인적 성취와 행복의 기초가 된다고 말한다. 또한 나의 행동이 긍정적인 결과를 가져온다고 믿기에 어려운 일에 쉽게 도전하고 지속해서 노력하게 된다. 그것은 나아가 자신에 대한 가치나 평가에 긍정적인 영향을 미쳐서 나를 자존러로 만들어준다.

자기 효능감을 높이기 위해서는 우선 작게라도 성취나 성장의 경험을 하는 것이 중요하다. 취미나 운동 또는 학문이나 언어도 좋다. 크고 높은 목표보다는 쉽게 도전할 수 있는 현실적인 목표를 통해 작은 성공의 경험을 맛보는 것이다. 다방면으로 완벽하거나 매번 좋은 성과를 내지 않아도 괜찮다.

　　과거의 성공 경험을 상기해도 된다. 또한 반드시 내가 경험하지 않더라도 타인을 통해 배우고 성장하는 것도 좋다. 간접 경험을 할 수 있는 사람이 주변에 있다면 고마운 일이겠지만 반드시 아는 사람이 아니어도 괜찮다. 나는 〈백종원의 골목식당〉이라는 프로그램을 즐겨보는데, 어려운 상황 속에서도 끈기 있게 자신의 꿈을 향해 열심히 살아가는 사람들의 이야기가 긍정적인 동기 부여가 되기 때문이다. 이 역시 간접 경험이다.

　　사회적 지지도 중요하다. 주변 사람들로부터 잘할 수 있다는 격려와 지지를 받을 때 효능감은 올라간다. 앞서 이야기한 '의미 있는 타인'과 나의 목표를 공유해 보는 것도 좋다.

　　우리는 종종 거창한 목표 앞에서 좌절한다. 능력이 부족해서가 아니다. 너무 멀리 있는 목표를 잡았기 때문이다. 나도 수영 수업을 등록하자마자 '수영 마스터하기'를 목표로 세웠으면 효능감을 경험하지 못했을 것이다. 작은 단위의 목표를 먼저 생각해 보자. 그 작은 경험들이 모여 큰 목표로 가는 디딤돌이 되어주고, 나를 꽤 괜찮은 사람으로 만들어놓을 것이다.

성공 계획 세우기

과거의 성공 경험담을 적어보세요. 나의 어떤 강점이 그 성공 경험에 도움을 주었을까요?

자기 효능감을 간접 경험 할 수 있는 긍정적 자극이나 동기 부여를 주는 대상이 있다면 무엇(누구)인가요?

내가 도전할 만한 작은 목표들에 대해 계획을 세우고 실천해 보세요.

분야	작은 목표	실천 계획
(예시) 운동	건강을 위해 매일 5천 보 걷기	스마트워치로 걸음 수 기록하기 편한 신발로 출근하기 버스 한 정거장 걸어가기

30일
-
해피엔딩은 허구다

웃으면 복이 온다

대학 시절, 교수님께서 칠판에 '웃으면 _____'라고 쓰고는 "빈
칸에 들어갈 말은 무엇일까요?"라고 물었다. 학생들은 당연하다
는 듯 "복이 와요"라고 외쳤지만, 교수님은 다시 한번 물었다. "정
말 웃으면 복이 온다고 확신할 수 있나요? 검증된 이야기일까요?
여러분은 웃음과 복의 인과 관계를 증명할 수 있나요?"

　　어딘가 한 대 얻어맞은 기분이었다. 어디까지나 익숙한 속담
일 뿐, 웃으면 복이 오는지는 누구도 검증한 바가 없다. 그럴 것이

라 믿고 이왕이면 웃으며 살아가려고 노력한다. 자신의 신념 안에서 만들어낸 허구이자 바람인 것이다.

허구의 힘

독일의 철학자 바이힝거Hans Vaihinger는 저서 『The Philosophy of 'As if'』에서 인간의 견해와 지식은 종종 모순이 있거나 검증되지 않은 허구적 가설이지만, 인간에게 유용한 방향으로 작용한다고 말한다.

아들러는 바이힝거의 영향을 받아 **허구적 목적론**Fictional Finalism을 정의했다. 인간은 자신이 배워온 이상이나 신념을 토대로 허구를 만들어내고, 그중에서도 과거가 아닌 미래에 대한 상상 속의 기대 목표에 따라 움직인다. 즉 자신이 세운 가설에 따라 자기만의 세상을 만드는 것이다.

대부분의 사람은 타인에게 선의를 베풀고, 옳고 그름을 분별하여 옳은 일을 행하려는 마음을 지닌다. 이 또한 허구적 목적론과 관련 있다. 그 누구도 그렇게 살아야만 무언가를 이루거나 얻게 된다고 확신할 수 없지만, 저마다의 기대 목표를 가지고 그 방향으로 움직인다. 인간은 환경에 지배받기보다 스스로 삶을 창조하고 주도적으로 이끌어갈 수 있는 주체적인 존재이기 때문이다.

우리는 지금보다 더 행복하고 나를 더 사랑하며 살아가기를 바란다. 그러한 삶이 정답이라고 할 수는 없지만 조금 더 의미 있는 삶이라고 여기기 때문이다. 따라서 우리가 생각하는 해피엔딩은 모두 허구적 목적론이 기반이라 할 수 있겠다.

이 책을 펼친 이유도 조금 더 행복한 나를 만날 것이라는 기대 때문이 아니었을까? 기대는 현실이 될 것이다. 우리는 우리가 바라는 곳으로 나아가는 멋진 존재니까.

내 삶의 해피엔딩은 무엇일까? 그리고 그것을 위해 나는 오늘부터 무엇을 할 수 있을까?

나에게 편지 쓰기

앞으로 나는 어떤 삶을 살아가고 싶나요? 그 삶을 위해 오늘부터 할 수 있는
실천은 어떤 것이 있을까요? 세 가지 이상 적어보세요.

내가 원하는 삶을 살아가고 있다는 것을 어떻게 스스로 확인할 수 있을까요?
그리고 그런 나에게 어떤 이야기를 해주고 싶나요?

내가 _____ 하다면
내가 원하는 삶을 살아가고 있다는 뜻이다.
나는 그런 나에게 "_____
_____"라고 말해줄 것이다.

마지막으로 책을 덮으면서 나에게 해주고 싶은 이야기를 적어보세요.

행복을 기다리는 당신을 위한 셀프 테라피

30일 마음 퍼실리테이션

2021년 4월 5일 초판 1쇄 발행
2021년 4월 21일 초판 2쇄 발행

지 은 이 | 우보영
펴 낸 이 | 서장혁
책임편집 | 장진영
편　　집 | 이다은
디 자 인 | 풀밭의 여치
마 케 팅 | 한승훈, 최은성

펴 낸 곳 | 봄름
주　　소 | 서울시 마포구 양화로161 케이스퀘어 725호
T　E　L | 1544-5383
홈페이지 | www.bomlm.com
E-mail | edit@tomato4u.com
등　　록 | 2012.1.11.
I S B N | 979-11-90278-61-4 (03180)

봄름은 토마토출판그룹의 브랜드입니다.